Historisch-

geographische

Beschreibung des

Erzstiftes Köln

1783

herausgegeben von Norbert Flörken

Bonn 2022

Die Rechtschreibung der Vorlage (z. B. Aldenar, Glewel, Urfel, Roistorf, Godenawe u.v.m.) sind beibehalten worden, auch im Index, gegebenenfalls sind Namen in der modernen Schreibweise hinzugefügt oder übersetzt (Tremonia=Dortmund) worden. Die Punkte hinter den einfachen Zahlen, z. B. den Jahreszahlen, sind weggelassen worden. Die Texte der historischen Vorlagen stehen **in dieser Serifenschrift**, Zusätze und Ergänzungen des Bearbeiters oder der Moderne in dieser serifenlosen Schrift oder in [ ]. Die Klammern der Vorlage ( ) sind durch { } oder – – ersetzt worden. Streichungen des Herausgebers stehen in ( ). Beim Seitenwechsel wurde die anfallende Trennung aufgehoben. Die häufigen Sperrungen bei Eigennamen oder Ortsnamen wurden nicht übernommen. Die Angaben zu Personen, Orten oder Sachen sind dem Portal Wikipedia entnommen. – Die Karte auf Seite 213 aus https://rheinische-geschichte.lvr.de/Orte-und-Raeume/kurfuersten-tum-koeln-/DE-2086/lido/57d118e0651e25.73195779.

Impressum

Bibliographische Information der Deutschen Nationalbibliothek: Die Deutsche Nationalbibliothek verzeichnet diese Publikation in der Deutschen Nationalbibliographie, detaillierte bibliographische Daten sind im Internet über http://dnb.dnb.de abrufbar.

© Norbert Flörken

Herstellung und Verlag:

BoD – Books on Demand, Norderstedt

ISBN 9783756820726

Historisch-geographische Beschrei-
bung des Erzstiftes Köln. Eine nöthige
Beilage zu des Herrn C[onsistorial]
R[ath] Büschings Erdbeschreibung[1].
Zweite verbesserte Auflage. Frankfurt
und Leipzig, 1783.[2]

---

[1] (Büsching 1754 ff).

[2] Fundstelle: BSB München, Signatur Bor. 24 d; urn:nbn:de:bvb:12-
bsb10012598-6. – Erste Auflage bei J. G. Fleischer, Frankfurt/Main, 1783; BSB
München, Signatur Germ. Sp. 39 m; urn:nbn:de:bvb:12-bsb10018547-8.

Einleitung des Herausgebers

Als Verfasser der „Historisch-geographischen Beschreibung des Erzstiftes Köln" wird heute der junge Kaspar Anton von Mastiaux (1766-1828)[3] angenommen; er hat ein zweigeteiltes Nachschlagewerk verfasst, das in der ersten Hälfte in fortlaufendem Text die Verfassung des Erzstiftes vorstellt, in der zweiten Hälfte in sechs Listen die kirchlichen Gemeinden, die Ortschaften und die Steuerverfassung.

Im ersten Teil stellt er die Geschichte der Kölner Erzbischöfe und aller Ämter von Altenahr bis Rheinberg vor. Gegenüber den mündlichen Überlieferungen ist er erfreulicherweise sehr zurückhaltend (siehe Maternus, S.28, und Nonnenwerth, S.53) und im Zweifelsfall der Wissenschaft verpflichtet (siehe Laach, S.45, und Dietkirchen, S.62). Andererseits sind seine Bemerkungen zur Ökonomie dürftig (siehe Tuf, S.13), die zu den Kirchen aber sehr ausführlich; kritische Bemerkungen zur Geistlichkeit kommen aber vor (siehe Pfaffen, S.72).

Im zweiten Teil – und darin liegt der besondere Wert für den Heimatforscher – hat Mastiaux die kleinsten Dörfer und ihr politisches Umfeld detailliert aufgelistet.

Freilich kommt er nicht an das Niveau der Arbeit Boucqueau's heran, des Präfekten des Rhein-Mosel-Departements: Er hat zwanzig Jahre nach Mastiaux das Departement genau und mit Daten und Zahlen gespickt beschrieben[4].

---

[3] Siehe (Schlöder, Kaspar Anton von Mastiaux kein Datum).
[4] Siehe (P. J. Boucqueau 1803) oder (P. J. Boucqueau 2022).

Vorbericht.

Wie klein und unansehnlich das Werklein ist, welches ich hiemit dem Publikum übergebe: so bin ich doch versichert, daß es nützlich und willkommen sein werde. Es existirte bisher noch gar keine geographische Beschreibung des Erzstiftes Köln. <iv> Denn des Martin Henriquez von Strevesdorf[5] *Descriptio historico-poetica* wird wohl keinen Anspruch an jenen Namen machen; und was der Jesuit Harzheim[6] am Ende der Bibliotheca Coloniensis aus seines Ordensbruders Hermann Crombachs[7] noch ungedruckten *Annalibus ecclesiasticis & ciuilibus*[8] hat abdrucken lassen, ist nicht viel mehr, als was man von jenem Erzstifte in andern Erdbeschreibungen findet, und also fast so gut als gar nichts. Dem Herrn Oberkonsistorialrath Büsching waren diese beiden Stükke nicht einmal <v> bekannt: wie ich dann mehrere Beispiele habe, womit ich den Beweis führen könnte, daß dieselbe, so wie fast alle, andere, das Erzstift Köln betreffende Werke kaum über die Gränzen desselben gekommen sein müssen. Ob die Ursache hievon in der Gleichgültigkeit der auswärtigen Gelehrten für die Geschichte und Statistik jenes Erzstiftes liege; und, falls dem also ist, woher eigentlich eine solche Gleichgültigkeit kommen könne? errathe ich nicht.

Gar sehr viel nun habe ich auch in den angeführten und ähnlichen gedruckten <vi> Werken nicht gefunden, das für mich brauchbar gewesen wäre. Mehr haben mir die Materialien[9] ausgeholfen, welche im Palmischen Verlage zu Erlangen periodisch herausgegeben werden.

---

[5] (von Strevesdorf 1662); sein Abschnitt „Bonn" hier im Anhang Seite 206 ff.

[6] (Hartzheim, Bibliotheca Coloniensis, in qua vita et libri typo vulgati ... 1747).

[7] (Crombach 1650).

[8] Genau: Hermann Crombach, Annales ecclesiastici et civiles Metropolis Ubiorum Coloniae Agrippinensis . . . , tomus III (901-1400), Köln 1672; nur handschriftlich im Stadtarchiv Köln.

[9] »Materialien zur geist- und weltlichen Statistik des niederrheinischen und westphälischen Kreises und angränzender Länder etc.« [= (J. P. Eichhoff 1781)]

Die ergiebigste Quelle aber waren mir ungedruckte Urkunden und mündliche Nachrichten; auch selbst angestellte Beobachtungen.

Hat dabei das Werklein die Vollkommenheit nicht erhalten, deren es fähig <vii> ist: so hoffe ich um so eher Nachsicht, da ich doch der erste bin, welcher nur so viel geleistet hat. Finde ich in der Folge mehr Unterstützung bei meiner Arbeit, und allenfalls Zugang zu den Quellen, ohne deren Gebrauch schlechterdings jeder Versuch, etwas vollständigeres zu liefern, fruchtlos bleiben muß, so soll man gewiß Nachträge und Verbesserungen nicht vergebens erwarten: und ich ergreife diese Gelegenheit, diejenige unter meinen Landsleuten, welche irgend nur die geringsten Unrichtigkeiten oder Mängel in dem Werklein entdecken <viii> werden, um ihre gütige Belehrung zu ersuchen.

Uebrigens wird es zum Theile von der Aufnahme, welche dieser mein versuch erhalten wird, abhangen, ob ich einen ähnlichen mit dem übrigen oder westphälischen Theile des Erzstiftes wagen werde oder nicht.

<1>

Historisch-geographische Beschreibung des Erzstiftes Köln.

Es ist keine einzige genaue Charte des Erzstifts Köln vorhanden. Hr. C. R. Büsching nennet folgende: Eine von 1583 welche Corn. Adger gezeichnet und Hogenberg gestochen; Eine andere und bessere {in zwei Blättern} von Joh. Gigas, welche Blæuw und Jansson gestochen; Endlich die neuere von Sanson, Valk, Visscher, Homann, Seutter, Pierre Mortier, Reiieer und Josua Ottens. <2> Dieses Erzstift theilet sich in das rheinische und westphälische; jenes wieder in das Ober- und Niederstift; endlich dieses leztere in das rheinische und das lippische oder das Vest Recklinghausen.

Das rheinische Oberstift enthält

a) diesseits oder längst dem linken Ufer des Rheines, die Aemter: Andernach, Aldenar, Bonn, Bruel, Godesberg und Mehlem, Hordt, Lechenich, Zülpich, Rheinbach, Nurburg;

b) jenseits Rheines die Aemter: Aldenwied und Linz Neuerburg, endlich noch das Amt Zeltingen und Rachtig auf der Mosel.

Das rheinische Niederstift begreift die übrigen Aemter: Köln und Deuz, Hülchrath, Linn und Uerdingen, Kempen, Liedberg, Rheinberg, {wozu ehedem noch das Amt Kaiserswerth kam.}

Dieses rheinische Erzstift hat zu Gränzen: gegen Morgen meistens den Rhein und das Herzogthum Berg; gegen Mittag einen Theil des Erzstiftes Trier; gegen Abend dies nemliche Erzstift, die Eifel, das Herzogthum Jülich, und das Gelder-Land; endlich gegen Mitternacht die Grafschaft Mœurs und einen Theil der Herzogthümer Berg und Cleve.

Diese angrenzende Länder laufen hin und wieder dergestalt in das Innere des Erzstiftes hinein, daß sie ganze Theile davon trennen, oder, wie das Meer <3> eine Insel, umzingeln. So ist das Amt Rheinberg durch die Grafschaft Mœurs vollends von dem übrigen Erzstifte abgeschnitten; und so liegt das Amt Zülpich, wie ein Eiland, im Herzogthum Jülich. Aldenwied und Linz stellen eine Halbinsel vor; Nurburg und Aldenar hangen nur, wie mittelst einer Meerenge, an dem

Mutterlande; das Amt Zeltingen und Rachtig aber so wie die Stadt Rhens, sind gar entfernet.

Bei diesem Mangel des Zusammenhanges, läßt sich nicht leicht eine Messung anstellen. So wie sich das Land zwischen dem linken Ufer des Rheines und dem Herzogthum Jülich hinunter zieht; mag die Strecke an 20 deutsche Meilen betragen. Hie und da ist die Breite sehr unbeträchtlich; anderwärts stärker. Vielleicht würden 3 Meilen, als die Mittelzahl für die Breite des ganzen rheinische Erzstifts, angenommen werden können, wenn man dagegen die Landeinlaufenden Strecken und abgeschnittenen Theile eingehen lassen wollte. Sonach erhielt man 60 Quadratmeilen für das Areal dieses ganzen Erzstiftes.

Im Jahre 1669 wurden zum leztenmale die Ländereien darinn deskribirt; und, wiewohl nun

a) aus der nur angegebenen Morgenzahl der Ländereien sich jenes Areal nicht bestimmen läßt, wofern man nicht auch genau den Raum kennet, welchen Städte, Dörfer, Gärten, Parken, Waldungen, Heiden, Landstrassen, Flüsse u. dgl. Einnehmen und <4> von jener Zeit an gewiß viel Land, was damals noch öde lag, urbar gemacht worden ist: so seze ich dennoch das Resultat jener Deskription aus dem darüber errichteten Catastrum hieher.

Nach demselben beliefen sich die Ländereien	Morgen
Der kurfürstlichen Tafelgüter zu	5.030,75
Eines hochwürdigen Domkapitels zu	7.570,75
Des Cleri in- & extranei zu	9.0758,00
Graf- und adlicher Höfen Länderei	59.875,75
Graf- und adlicher Sizen Länderei	32.516,00
– von welchen per totum ohne die 4ta in den Höfen frei waren	21.664,75
Städt- und burgerliche Ländereien	21.122,00
Hausmanns- und Bauern-Ländereien	131.119,00
Summa	347.992,25

Diese Ländereien sind von verschiedener Güte und Ertrage, doch überall gesegnet. Die wenigst fruchtbaren sind in der

Nachbarschaft der rauhen und gebirgigten Eifel, wo dagegen die Un-dankbarkeit des Ackers durch ergiebige Blei- und Eisengruben ersezt wird. So theilet der gütige Schöpfer seine Gaben <5> weislich aus, und bewirkt dadurch Geselligkeit unter Menschen und Verbindung unter Länder.

Das Oberstift hat auf seinen Bergen und Hügeln einen vortref-lichen Weinwachs, der für das Land eine überaus reiche Quelle der Nahrung und der Handlung abgiebt. Denn wohin wird der vortrefliche und haltbare Bleichart nicht verführet? Im Niederstifte wächst gar kein Wein: dagegen sind dessen Ebenen reicher an Getreide; auch wird da-selbst der Flachsbau ziemlich fleißig getrieben.

An Waldungen ist nirgend im Lande Ueberfluß, woher das Holz von Jahr zu Jahr theurer wird. Der Mangel des leztern trift aber vorzüglich das Niederstift, weshalben dahin eine jährliche starke Zu-fuhr von Steinkohlen aus den Gegenden der Ruhr gehet. Dieselbe wer-den in grossen Nachen den Rhein hinauf gebracht: höher als bis Bonn sind sie doch bisher nicht gekommen; wiewohl auch oberhalb dieser Stadt das Holz schon seltener wird. Torf wird auch gegraben und be-sonders auf dem Lande gebrannt. Die andern Produkte des Landes, welche besonders in den Handel gehen, z. B. die Tuf-, Grau- und Ba-saltsteine bei Andernach, Königswinter und Unkel so wie die Kupfer-werke bei Breitbach, die Sauerbrunnen bei Tönnisstein und Roistdorf erwähnen wir unten bei den Orten.

Ausser dem ehrwürdigen Rheine, welcher gesagtermassen das Erzstift in einer Strecke von <6> beinahe 20 Meilen theils durch- theils vorbeyfliesset, wird dasselbe noch von den Flüssen Nette, Aar, Erp und Nerß gewässert. Die erstem drei entspringen aus den Gebürgen der Ei-fel, und fallen alle, der erste bei Andernach, der zweite bei Linz und der dritte bei Neuß, in den Rhein. Die Nerß entspringt im Jülicher Land, durchlauft nur eine Ecke des Erzstifts und fällt mehr unten in die Maaß. Sie haben alle vortrefliche Fische.

Betrachtet man diese vortrefliche Lage des Landes an dem ers-ten teutschen Fluße; diesen dankbaren, und zur Hervorbringung der verschiedensten Produkten tauglichen, diesen selbst an den nöthigsten Mineralien reichen Boden: so sollte man sagen, daß Handel und Ge-werbe darinn in dem blühendsten Zustande seyn müssen. Allein theils gibt es der Augenschein, theils aber erweisen es die, auf Landtagen und sonst vorkommenden, Klagen der Städte, daß dem nicht so sei. Nimmt man z. B. die näher ans Holländische gränzenden Städte Rheinberg und Urdingen aus, welche von den andern wird alsdann noch eine Vergleichung mit den nahmhaftem Städten des fabrikreichen Berger-Landes, Kaiserswerth, Düsseldorf, Elberfeld, Sohlingen, Mülheim; welche mit Crevelt und Neuwied in den nachbarlichen Grafschaften Mœurs und Wied etc. aushalten? In den meisten dieser genannten Städte sind gewiß zwei Drittel des Handels in den Händen der Protestanten. Ein Umstand, bei dessen Erwägung es niemanden fehlen kann, die Quelle <7> des Handelsverfalls im Erzstifte Köln in der Intoleranz zu finden. Von der Stadt Köln werden wir mehr unten hören, daß deren Verfall unmittelbar auf die Auswanderung der Protestanten gefolget sei. Nun aber, wem sind die unglücklichen Zeiten des truchseßischen Krieges, und die Verfolgungen nicht bekannt, welche die Anhänger und Glaubensgenossen des protestantisch gewordenen Erzbischoffes von den eifernden Spaniern, Baiern und ihren eigenen Brüdern im Erzstifte haben dulden müssen? Man sezte etwas darinn, diese nüzliche Unterthanen zu vertilgen: Und noch in unsern Zeiten muß ein neu gewählter Erzbischoff in dem dritten Artikel seiner Kapitulation dem Domkapitel schwören, was noch von Kezzern und Schismatikern aus jenen Zeiten im Erzstifte übrig sein könnte, gleich anfangs seiner Regierung, nach allen Kräften, auszurotten.[10]

Doch scheinet dies blos nur noch ein Ceremoniale zu sein, indem die Akatholischen, wo sie sich irgend noch im Lande finden, <8> gewiß nicht über Druck oder Verfolgung von Seiten der Regierung klagen können.

---

[10] »Nec non, heißt es in jener Kapitulation [von 1547, EB Adolf von Schaumburg], confestim & ante omnia in regiminis & administationis nostre inchoatione omnes haereticos & Schismaticos, si qui ex infelici adhuc fermente supersunt, una cum falsis & perversis eorum doctrinis, novationibus & sectis ad ecclesia dioecesi nostra bona fide & pro viribus exterminabimus & generaliter omnia alia in pristinum catholicum statum {prout ex iniuncti officii debito tenemus} restituemus & redintgerabimus.« - Ein längerer Auszug aus der Wahlkapitulation von 1547 unten Seite 203 ff.

[Die Staatsverfassung von Kurköln]

Was die Staatsverfassung des Erzstiftes anlanget, so hat dieselbe viel Besonderes und Eigenes. Die Unterthanen werden durch vier Collegia[11] von Landständen vorgestellet, und behaupten, ausser denen von Reichs- und Kreiswegen obliegenden Schuldigkeiten und gemeinen Nothfällen, zu keinen Landessteuern, Kollekten oder Kontributionen ohne freye Einwilligung verbunden zu sein, wie sie dann wirklich die Summen, welche sie auf den Landtagen bewilligen, nie anders Subsidia charitativa nennen, und sich von dem Landesherrn darüber sehr verbindliche Reversalien ausstellen lassen. Auch führen sie aus diesem Grund seit undenklichen Jahren den Namen freier Peterlein.

Die vier Kollegia der Landständen bestehen aus

A. dem Domkapitel,
B. den Grafen,
C. der Ritterschaft,
D. den Städten.

Das Domkapitel nennet sich den Status primarius oder Vorderstand. Es hat dasselbe bekanntlich seinen Siz in der Stadt Köln, und enthält 50 Präbenden, wovon sowohl der Pabst als der Kaiser jeder eine besizen, und daher den Obersiz im Chor, wie auch ihre eigene Stalla und Kapläne oder Vikarien haben. Von den übrigen 48 sind die eine Hälfte Kapitular- und die andere Domicellar-Präbenden. Unter jenen sind sieben Prälaturen, <9> deren Besizer die Domicellar-Präbenden turnatim begeben: und immer gelangt nur der älteste Domicellar zu der nächstfälligen Kapitular-Präbende. Unter den leztern sind acht sogenannte Priester-Präbenden, das heißt solche, zu deren Erlangung die Aspiranten kein adeliches Blut wohl aber einen, auf einer Katholischen Universität erlangten, Gradum in der Gottes- oder Rechtsgelahrtheit brauchen. Zwei von diesen achten sind der Universität zu Köln, unter dem Namen primæ und secundæ gratiæ, vom Pabste ertheilet. Diese sogenannte 8 Priesterherren haben in allen Stükken gleiche Rechte und

---

[11] In der Vorlage: „Cellegia".

Befugnisse, wie die übrigen, sogenannten gräflichen Herren. Denn es ist eine Observanz, nicht aber ein Gesez bei dem hohen Domstifte zu Köln, daß, ausser jenen achten, nur Reichsgrafen oder Fürsten, keinesweges aber Personen vom niederen Adel aufgenommen werden. Das Kapitel wählet nur aus seinem Mittel den Erzbischoffen, und leget demselben eine Kapitulation vor, welche derselbe beschwöret. Zu den Landtägen werden zween gräfliche und so viel Priesterherren nebst dem Syndikus des Kapitals deputirt.

Das zweite Kollegium der Landständen oder den Grafenstand machen aus

1. wegen Odenkirchen der Kurfürst.
2. Wegen des Thurms bei Arweiler, der Herzog von Ahremberg und Troy.
3. Wegen Bedburg, Alfter und Hackenbroich der Erbmarschall Graf von Salm.
4. Wegen Erp, Graf von Salm zu Bedburg.
5. Wegen Saffenburg <10> Graf von der Mark.
6. Wegen Wevelinghofen Graf von Bentheim-Tecklenburg.
7. Wegen Helfenstein der nemliche.
8. Wegen der Erbvogtei Köln, Graf von Bentheim-Bentheim.
9. Wegen Alpen, Graf von Bentheim-Steinfurt.

Der dritte oder Ritterstand bestehet aus den Besizern jener adelichen Gütern oder Sizen, welche zum Landtage qualificirt sind.

Zum leztern oder dem städtischen Kollegium gehören die sogenannten Municipal-Städte des Erzstiftes in folgender Ordnung: Andernach, Neuß, Bonn, Arweiler, Linz, Kempen, Rheinberg, Zülpich, Bruel, Lechenich, Unkel, Zons, Linn, Uerdingen, Rheinbach, Meckenheim und Rhense, deren jede ihre Deputirten schicket. Die beiden erstern führen das Direktorium.

Die gewöhnlichen Landtage werden jährlich zu Bonn in dem Kloster der Kapuciner gehalten, und der Kurfürst schicket einen Kommissarius dazu. Viermal im Jahre versammelt sich ausserdem ein

Ausschuß der Stände zu Köln. Diese Versammlungen heissen Quartal-Konventionen. Auf der leztern werden die Landesrechnungen revidirt.

Diese Landstände nun schlossen erst im J. 1463 und nachher im J. 1550 mit dem Erzbischoffe <11> Adolph eine Vereinigung, welche unter dem Namen der Erblandesvereinigung des rheinischen Erzstifts Köln oder Unito rhenanæ patriæ bekannt ist, und, in so weit dieselbe geistliche Dinge betrift, ein ungezweifeltes Staats-Grundgesez; in so weit sie aber weltliche Dinge betrift, wenigstens eine legem pactitiam territorialem ausmachet. Alle nach Adolph gefolgte Erzbischöffe haben dieselbe bestätiget, und selbst Joseph Clemens, welcher doch in einem, den 22. Jul. 1696 gegen das Domkapitel ausgegebenen, Dekret davon saget:

> Daß sie in einem Zeitpunkte, wo nach dem bekannten Bauernkriege alles drüber und drunter gegangen, seinem Vorgänger Adolph aufgedrungen worden sei, auch in einem Schreiben an des Kaiser Maj. vom 19. März 1702 die Frage aufwirft: „an pactum ejusmodi resolutorium potestatis Principis inter principem ecclesiasticum & subditos valeat, quorum ille ne quidem volens, propria authoritate, regimine cedere potest etc."

In der That schränket diese Vereinigung die Macht des Landesherrn zu Gunsten der Stände, besonders aber des Domkapitels, auf eine ungewöhnliche Art ein. Die auffallendsten §§ derselben sind folgende: Es wird keinem Erzbischoffe gehuldiget, bevor er diese Vereinigung beschworen habe. Derselbe kann, ohne Wissen und willen des Kapitels und gemeiner Landschaft, keinen Krieg anfangen, noch die Unterthanen und ihre Güter verschreiben; noch die Güter der Ritterschaft mit <12> Zoll zu Wasser oder zu Lande belegen; noch Leistschuld machen. Wannee {sind die Worte des 15. §} ein Kapitel Nutz und Noith bedunkt sein, es sei in geistlichen oder weltlichen Sachen, Edelmanne, Ritterschaft und Stede bey sich zu beschreiben, dat sie dat dœn mögen, sonder Indragt des Herren, und dat alsdann die selve Landschaft dem Kapitel folgen sall, daruf Ritterschaft, Stede und gemeine Landschaft dem Herren schweren sollen, und anders nit. – 16. Item desgleichen of Sache were, dat Edelmanne, Ritterschaft oder Stede semmentlichen oder insonderheit von deme Capitel umb redliche Ursache begerden,

17

auch inmassen vurß beein zu kommen, dat sall ihn dat Capitel nit weigeren, und of dat also geweigeret würde, des doch nit sein en aall, so sall ein Erff-Marschalk des Gestichts van Collen die Macht haven, in gleicher Maßen zu doin, desselven der Marschalk nit weiteren noch Verzug machen sall. – Weiter solle der Erzbischoff immer zween Herren aus dem Kapitel in seinem Rathe haben; Im Falle derselbe nun aber wider diese Vereinigung handelte, und darinn, ungeachtet der Gegenvorstellungen des Kapitels, fortführe, so soll dieses Macht haben, die Stände zu sich zu beschreiben, und leztere sollen alsdann ihm, dem Kapitel, keinesweges aber dem Herrn mehr Folge leisten, und das zwar bis daran der Herr sich eines bessert besinnen werde. <13>

Das andere Staats-Grundgesez ist die Kapitulation, welche jedem neugewählten Erzbischoffe von dem Domkapitel vorgeleget wird, und welche dieser feierlich beschwören muß. Trift der Vorwurf, welchen Joseph Clemens der Erblandsvereinigung machte, dieselbe; so weiß ich nicht, welchen er seiner Kapitulation hätte machen können: Denn, ausserdem daß in dieser jene bestättiget, und in ihren hauptsächlichen Artikeln wiederholet wird, geschieht hier noch ein weit mehreres zur Erweiterung der domkapitularischen Macht auf Unkosten der landesherrlichen. Wir wollen aus der leztern, welche uns bekannt worden ist, so viel hieher bringen, als zu unserer Absicht die Staatsverfassung des Erzstifts aufzudecken, gehöret.

Erst verspricht der Erzbischoff, Kezzereien und Kezzer in seinem Erzstifte möglichst auszurotten, und zu diesem Ende dem vom Pabste deputirten Inquisitor einen eignen beizufügen, und denselben, wie billig, zu salariren; sowohl Provincialal- als Episkopal-Synodm statutenmäßig zu halten, und einzig darin öffentliche geistliche und Kirchen-Sachen, überhaupt aber alle wichtige Sachen, woher der Kirche ein Schaden zufliessen könnte, anders nicht, als mit Wissen und Willen des Kapitels, abzuthun, aus diesem Grunde zween, von dem Kapitel zu deputirende, Personen in seinen Rath aufzunehmen, und die übrigen Räthe, bei ihrer Aufnahme versprechen zu lassen, daß sie keiner Rathsversammlung beiwohnen wollen, wo Sachen ohne Beisein und <14> Einwilligung der Kapitular-Räthen beschlossen würden, zu welchem und noch anderm Ende alle Rathe, Amtleute, Einnehmer, Sekretarien, Registratoren und übrige kurfürstliche Bediente, ohne Unterschied dem Kapitel den Eid der Treue, und daß sie die Erblandsvereinkgung beobachten wollen, schwören sollen;

   – keinen Landtag, ohne erst dem Kapitel die Ursache entdeckt, und dessen Bewilligung eingeholet zu haben, auszuschreiben; keinem Reichstage oder anderer Zusammenkunft, worauf etwas zum Nachtheil der Kirche oder des Kapitels vorgehen könnte, beizuwohnen, ohne vorab lezteres zu ersuchen, daß es ihm zwo Personen aus seinem Mittel, und nach seiner eigenen Wahl zugesellen möge; die Erblandsvereinigung in all ihren Klausulen zu beobachten; das Erzstift nicht zu vertauschen, zu veräussern oder loszuschlagen; so wie auch keinen Administrator, Gubernator, Successor, Assessorem substitutum, Coadjutorem oder eine dergleichen Person, ohne Wissen und Willen des Kapitels aufzunehmen, zu deputiren oder zu erhalten; im Falle der, mit kapitularischem Consens geschehener, Dimißion des Erzstifts aber, alles, was er, der Erzbischoff, bei Antritt der Regierung von Gütern bei der Kirche gefunden, oder während derselben erworben hat, ohne die geringste Ansprache oder Forderung, bei derselben zu lassen, oder derselben allenfalls zu restituiren; alle sowohl geistliche als weltliche Beamten, wie sie immer Namen haben, zu vermögen, daß sie sich dem Kapitel mittelst Eid und Handschrift verbinden, im Falle er, der Erzbischoff, <15> durch den Tod, Gefangenschaft, oder dadurch, daß er ohne Einwilligung des Kapitels einen Koadjutor, Administrator u. dgl. angenommen hatte, oder sonst auf eine andere Art des Erzstiftes verlustig würde, auf der Stelle alle Städte, Schlösser, Herrlichkeiten etc. dem gedachten Kapitel zu eröfnen; ihm allein von Stund an zu gehorchen und nur denjenigen anzunehmen, welchen dasselbe surrogiren würde; Kein Mitglied des Kapitels, aus welcher Ursache das auch sein könnte, in Verhaft zu nehmen, sondern wofern er, der Erzbischoff, gegen irgend eines zu klagen habe, dasselbe vor dem Kapitel zu belangen, und an dessen Ausspruche sich zu begnügen; keine, irgend einem Kapitular oder andern Geistlichen des Erzstiftes zuständigen, Güter mit Arrest oder Sequestre zu belegen, so lange der Eigenthümer vor Gericht zu stehen sich nicht weigern wird; sich um die Disciplin, Adelsprobe oder irgend ein anderes Geschäft des Kapitels, {so lange dieses von jener Disciplin nicht abweichet} zu bekümmern; keine Sache, die irgend einen Canonicus, Vicarius oder Beneficiatus des Kapitels angehet, abzutheilen, sondern dieselbe, auf deren Ersuchen, an das Kapitel zu remittiren, und diesem eine Frist zu bestimmen, binnen welcher dasselbe Recht sprechen solle; das General-Vikariat allemal einem Kapitularen anzuvertrauen; die Archidiakonen in der freien Ausübung ihrer Jurisdiktion zu belassen; keine Zehnden, Subsidien oder Exaktionen, selbst wenn Päbste, Kaiser oder Könige Indulten zu dem Ende ertheilten, ohne Einwilligung des Kapitels <16> auszuschreiben; falls es nun aber die Noth erheischte, und das Kapitel hätte eingewilliget, ein Subsidiuum charitativum vom Clero zu fodern; so soll das hergebrachtermassen von diesem, eigends zu solchem Ende in dem Kapitelhause zu versammelnden, Clero charitative erbeten, und derselbe nicht zur Mitzahlung eines, von den weltlichen Ständen beizuschaffenden, subsidiums gezwungen werden;

– keine unbewegliche sogenannte Erbgüter, oder kostbare bewegliche Güter, Schlösser, Städte, Gründe oder Leute des Erzstifts ohne Willen des Kapitels zu veräussern oder in Pfand zu geben; keine Mann- noch andere Lehen ohne Bewilligung des Kapitels zu konferiren sondern, wenn dieselbe durch Sterbfalle oder sonst, der Kirche wieder heimfallen, bei derselben zu lassen, mit denen, von Erzbischoff Theoderich weiland ertheilten Mannlehen aber nur diejenigen zu belehnen, welche darüber Siegel und Briefe vom Kapitel haben; den Aufwand des Hofes möglichst einzustellen;

– dem Kapitel jährlich die ganze Einnahme und Ausgabe des Erzstifts zu berechnen, und, wenn die Zöllner, Kellner und andere Beamten ihre Rechnungen ablegen, das Kapitel, nachdem ihm vorab Abschriften dieser Rechnungen zugeschickt worden, zu berufen, um leztere mit zu untersuchen und zu quittiren etc.

Ueber die kirchliche Verfassung des Erzstifts Köln läßt sich nach dem, was die angeführte beiden Staatsgrundgesezze davon besagen, noch folgendes anmerken: Drei sogenannte Generalvikarien <17> oder officiales principales theilen mit dem Erzbischoffe die geistliche Gerichtsbarkeit, und verwalten dieselbe in dessen Namen, jeder über die ihm angewiesene und bestimmte Gegenstände. Der erste sogenannte Vicarius generalis in pontificalibus, Suffraganeus oder Weihbischoff vertritt die Stelle des Erzbischoffes in Weihungen, Consekrationen, und andern blos bischöflichen Handlungen. Der zweite, Vicarius generalis, in spiritualibus oder plattweg General-Vikarius genannt, besorgt die geistlichen Sachen: in desselben Gerichtsbarkeit gehören die sogenannten Actus voluntariæ iurisdictionis; so wie die strittigen Dinge oder caussæ fori contentiosi in des dritten, oder eigentlich und privative sogenannten Officials Gerichtsbarkeit einschlagen. Nach diesen kommen die Archidiaconii oder Erzdiakonen, welche ebenfalls einen Theil der geistlichen Gerichtsbarkeit versehen. Die Aufnahme derselben in das Erzstift fällt wahrscheinlicher Weise in den Ausgang des XII. Jahrhunderts. Man zählet ihrer sechs, zu Bonn, beim Domkapitel zu Köln, zu Xanten, zu Sœst, zu Neuß, zu Dortmund. Jedes Archidiakonat ist in gewisse Dekanate oder Christianitäten eingetheilet, wovon jede ihren Landdechant oder Archipresbyter hat, deren verschiedene eine eigene, andere aber keine solche Gerichtsbarkeit haben. Da die Diöcesan-Rechte des Erzbischoffs von Köln sich in verschiedene benachbarte Länder, besonders die Herzogthümer Jülich und Berg erstrecken, so erhalten <18> die darinn befindlichen Landdechante ihre Gerichtsbarkeit durch Verträge des Erzstiftes mit den Fürsten jener Länder.

Den Umfang dieser geistlichen Gerichtsbarkeit des Erzbischoffes von Köln in die Länder seiner Nachbaren beschreibt der Jesuit Herm. Crombach folgendermassen. Eigentlich fängt dieselbe zwar am Rheine unter Andernach bei Sinzig und der Mündung des Arflusses an: allein sie erstrecket sich zugleich bei dessen Ursprung durch die Eifel[12] weit in das Trierische und dessen Amt Daun, samt andern Orten: denn Daun, Ulmen, Hillesheim, Manderfeld, Weinfeld, Mehren, Kelberg, nebst andern Dörfern und Städten stehen unter derselben. Auch die Städte und Dörfer der Eiflischen Grafen Killville, Kronenburg, Geroltstein, Schleiden, Blankenheim gehören hieher. Diesemnach gehet dieselbe von dem Ursprünge der Ar an südwärts einige Länder des Kurfürsten von Trier, des Herzogs von Arenberg, der Grafen von Salm, Mark, Schleiden, Blankenheim durch; schließt Amblav, Malmundar, Montjoy, Porz {Porcerum} und das Herzogthum Jülich {ausser Heinsberg, Sittard und Wasserberg, welche nach Lüttig gehören} ein; erreichet fast die Maaß, und erstrecket sich bis an den Rhein und Neumagen nordwärts, wo sie das diesseits gelegene Stück des Herzogthums Cleve

---

[12] In der Vorlage: „Eifer"

und einige. Pläzze von Geldern einschließt: alsdann geht sie über den Rhein, begreift das übrige Cleve jenseits desselben, so wie die ganze Grafschaft Mark, das <19> Fürstenthum Essen, das Vest Recklinghausen und das südliche Ufer der Lippe, die Gegend um Soest, die Herzogthümer Westphalen und Engern und das ganze Herzogthum Berg; läßt demnach die Grafschaften des Westerwaldes aus, und kömmt endlich bei Linz am Rheine wieder heraus, nachdem sie einen Umgang von fast 90 deutschen Meilen genommen.

Die Erbämter des Erzstifts sind

I.   das Erbhofmeisteramt, welches die Grafen von Belderbusch;

II.   das Erbmarschallamt, welches die Grafen von Salm;

III.   das Erbschenkenamt, welches die Herzoge von Aremberg; endlich

IV.   das Erbkammereramt, welches die Grafen von Plettenberg versehen.

Die Landeskollegia bestehen:

aus der hohen Staats-Conferenz, in welcher ein geheimer Conferenz-Minister und zween Conferenz-Räthe sizen;

dem Geheimen Rathe;

dem Hof und Regierungs-Rathe;

der Hofkammer;

dem Kriegsrathe;

dem Akademie-Rathe und endlich

dem Medicinal-Rathe.

Das Militäre bestehet aus einem Regiment zu Fusse, wovon der gröste Theil zu Bonn in Besazzung liegt, einige Kompagnien aber im übrigen Erzstifte vertheilet sind; einer Husaren-Kompagnie; und einer Kompagnie Leibgarden von 50 Köpfen. <20> Das Personale der hohen und niedern Dienerschaft ist übrigens sehr ansehnlich, welches unter andern daraus erhellet, daß noch im Jahre 1761 bei der Land-Rend-Meisterei an Salarien 79,357 Rthlr. Species 34 Albus 8 Heller ausgezahlt worden sind, und zwar ausschließlich des ganzen Militäre und des sogenannten Stallamtes oder der Livrebedienten. Hiezu kommen noch 1,933 Rthlr. 26 Albus, welche für Ordinaria Salaria in die jährlichen

Landesrechnungen gesezt werden, und nicht in jenem Landrentmeis-
terei-Statu begriffen sind.

Die Abgaben werden im Erzstifte von den Ländereien entrich-
tet, und ist des Endes der Simpelsfuß[13] eingeführet. Auf den obbe-
schriebenen Landtagen wird die Anzahl der Simpeln jedesmal bestimmt, welche für das nächste Jahr auszuschreiben sind. Die Städte
sind sämtlich wegen ihren Häusern zu 2,911 kölnischer Gulden {jeden
à 24 Albus} in quolibet Simplo angeschlagen. Diese Summe wird das
Quantum intra muros genannt. Im J. 1700 wurde dieselbe für die nächs-
ten 12 Jahre bis auf 800 Gulden heruntergesetzt, und so viel haben die
gedachten Städte, auch nach Verfluß jener Zeit, bis zum Jahre 1773 jedesmal nur beigetragen. Alsdann ward denselben von den übrigen
Ständen ein Vergleich angeboten, kraft dessen pro præterito {wiewohl
der Rückstand seit dem Ausgange jener 12 Jahre bis hieher an 2 Millio-
nen Gulden betrug} nichts gefodert; pro futuro aber, und so lange, bis
das Commercium sich wieder in die Städte ziehen, <21> und dieselbe
in einen blühendem Zustand versezzen würde, die Hälfte der Summe,
wofür sie, Städte, ehemals in Quolibet simplo angesezt gewesen sind,
und also 1,455 ½ Gulden für bas Quantum intra muros festgesetzt werden sollte, welchen dann auch die meisten Städte auf der Stelle angenommen haben.

Was die Steuerfreiheit der adelichen Sizzen und Güter betrift;
so wurde sich auf dem Landtage von 1603 dahin verglichen,

> daß, im Fall einer vom Adel zwei oder drei adeliche
> Sizze hätte, derselben nur einer gefreiet sein, und
> welcher vom Adel nur einen Siz, und daneben keine
> andere adeliche Höfe und Güter hätte, selbiger von
> den halben Einkommsten sothanen Sizes contri-
> buiren, wenn er aber auch sonsten andere Höfe und
> Güter hatte, welche in jährlicher Pfachtung soviel
> oder mehr als des halben Sizzes Einkommsten aus-
> bringen würden, damit den ganzen Siz freien; dafern
> gleichwohl selbige Höfe und Güter das Einkommen
> des halben Sizzes nicht adäquirten, als dann den adli-
> chen Gütern aus dem ganzen Siz in descriptione so

---

[13] = Hebesatz einer Steuer.

viel, als die halbe Einkommsten jährlich ausbringen möchten, zugelegt und collektirt werden solle.

Diese Einrichtung führte viele Unbequemlichkeiten mit sich, und gab Anlaß, den Simpelfuß im J. 1648 vollends auszustellen, und die Consumtions-Auflage an dessen Stadt anzunehmen, womit aber nur bis ins J. 1651 fortgefahren wurde. Im J. 1669 wurde ein neues <22> Catastrum eingerichtet und dabei beliebet, daß die graf- und adeliche Sizze in drei Classes abgetheilet, und davon die erste in perpetuum steuerfrei sein, die andere in perpetuum zur Halbscheid angeschlagen, und die dritte in perpetuum per totum collektiret, und nachdem, in dem gemeinen Land-Descriptions-Buche öffentlich angesezt und erfindlichen Anschlage jederzeit versteuert werden sollen. Diesem nach ergab sich, daß der Grafenstand fünf und die Ritterschaft an fünf und sechszig adeliche Size, und viele tausend dazu gehörige Morgen Landes, Wiesen, Weingarten und dergleichen rentbare Pläzze per totum frei überkommen, und daneben in dem kleinen erzstiftrheinischen Bezirke noch 124 nur zur Halbscheid in Anschlag mitgebrachte adeliche Sizze innen habe; gegen 65 per totum befreite graf- und adeliche Sizze auch nur 25 pro æquivalenti zum Schazzungsbuche per totum eingebracht. Ueberhaupt soll die Ritterschaft über fünf Theile von ihren adlichen Sizzen und darinn einschlagenden Gütern vor und nach frei zu machen gewußt haben, und kaum einen sechsten Theil versteuern. Wie denn unter andern auch von denen, uneigentlich und blos des Besizzers wegen sogenannten, adlichen Höfen, welche vorhin, und vermöge Landtagsabschiedes von 1599 per totum zu tragen schuldig gewesen, derselben zu Gunsten, seit 1670 nur tres quartæ versteueret werden und eine quarta frei bleibet, dergestalt, daß denselben die schazbare gemeine oder Bauerhöfe, welche über 50 Morgen <23> in sich begreifen und unterhaben, gleich gehalten sind.

Wegen der Anlage der Clerisei hat es, seit der ersten Landes-Matrikul her, zwischen dieser und den weltlichen Ständen Schwierigkeiten gesezt. Leztere weisen derselben immer quartam partem der bewilligten Summen an: dagegen sagt das Domkapitel, daß Clerus kein Stand, und von den weltlichen Ständen billig nicht zu kollektiren sei; daß mit demselben in casibus extremæ necessitatis wegen eines subsidii charitativi in loco consueto gehandelt werden müsse etc.

Dergleichen Schwierigkeiten eräugneten sich besonders mehrere unter der Regierung des Kurfürsten Max Heinrichs, wo dann derselbe sich ziemlich der Meinung des Domkapitels gefüget hat. Die Halbwinner des Clerus zahlten, nach Ausweise des alten Descriptionsbuches, ihres Gewinns und Gewerbes halber, einen vierten Theil dessen, was die weltliche von ihren Höfen und Gütern abzustatten pflegten: Nun wurde ein neues Descriptionsbuch errichtet, und darin der Anschlag der weltlichen Höfen, welche über 50 Morgen in sich begriffen, zur Hälfte geringert; Clerus glaubte sich also für künftig zu der Quarta jenes verringerten Anschlages verbunden: und Max Heinrich erkannte die Forderung für billig. In den Final-Landtags-Relationen weisen die weltlichen Stände noch immer die Quota Cleri dem Landesherrn an, wogegen dann das Domkapitel eine Pro und jene Stände eine Reprotestation einwenden. <24> Der westphälische Theil des Erzstiftes ist in jedem Beitrage zu zwei Fünftheilen angeschlagen, und schicket derselbe jährlich sogenannte Deputirte ad audiendum & referendum nach Bonn, welchen die Proposition und der Abschied des Landtages mitgetheilet werden.

Der Betrag nun jenes jährlichen Beitrags ist, wie oben schon angeführt worden, nicht immer gleich groß. Der Landesherr leget in der Landtags-Proposition den versammelten Ständen die wahrscheinlichen Erfordernisse des einstehenden Jahres vor, und diese willigen alsdann bald mehr bald weniger Simpeln ein, die in gewissen Terminen ausgeschrieben und eingetrieben werden. Für das Jahr 1744 wurde die Summe von 163,333 ⅓ Rthlr. nebst einem Donativ von 7,000 Rthlr. zu Bewerfung[?] des Kurfürstlichen Residenzschlosses bewilliget. Auf dem Landtage des Jahres 1763 wurden 20 Simpeln {jeden zu 26,236 köln. Guld. 4 Alb[us] 10 ½ Hell[er] gerechnet} und also 524,724 köln. Guld. 1 Alb. 11 Hell. ausgeschrieben. Hiezu die Quantæ Annuæ fixæ per Rhense, Straßfeld, Lövenich und Niederbodberg ad 832 köln. Guld. 4 Alb. gerechnet, kömmt heraus die Summe von Rthlr. cour[ant] 161,709 47 Alb. 11 Hell. Nun waren noch vorräthig aus voriger Jahresrechnung Rthlr. 175,603 27 Alb. 8 ¹/₁₀ Hell. Auch kamen noch einige andere Posten hinzu, also daß General-Empfang wurde: Rthlr. cour. 358,309 36 Alb. 9 ¹/₁₀ Hell. Davon erhielt der Landesherr ein Subsidium von 65,000 <25> Rthlr; ein Donativ von 10,000 Rthlr. zur

Berittenmachung der Leibgarde 10,000 Rthlr. und also zusammen 85,000 Rthlr. Diese, und die übrigen Ausgaben z.B. Verpflegung des Landtages, Conventions-Diäten, alte und neue Pensionen, ordinaria salaria, Unterhaltung der Husaren und des Stockhauses, extraordinaire Ausgaben auf den Rheinbau und sonst, an unbeibringlichen Restanten, an Restanten, an Comtoirs-Unkosten etc. abgezogen, blieb ein Residuum von mehr empfangen Rthlr. cour. 145,656 1 Alb. 3 $^{11}/_{20}$ Hell. –

Im Jahre 1765 wurden wieder 20 Simpeln, jeder zu 26,230 Guld. 2 Alb. 8 Hell. mithin 524,602 Guld. 6 Alb 7 Hell. ausgeschrieben. Der Ueberschuß aus voriger Landesrechnung ad Rthlr. 197,790 67 Alb. 4 $^3/_{10}$ Hell. die Quantæ annuæ fixæ u. dgl. wie oben hinzugerechnet, betrug der General-Empfang Rthlr. cour. 361,385 64 Alb. 3 $^3/_{10}$ Hell. das Kurfürstl. Subsidium wieder 65,000 Rthlr. das Eingewilligte oder Donativ 20,000 Rthlr. nebst noch 1,000 anstatt Interesse angeschaften, und also im Ganzen 86,000 Rthlr. Diese nebst den andern extra- und ordinären Ausgaben abgerechnet, blieb mehr empfangen als ausgegeben die Summe von Rthlr. cour. 19,559 16 Alb. 4 $^3/_{10}$ Hell. –

Im Jahre 1779 betrug der Status unius simpli 26,658 Guld. 14 Alb. 6 $^7/_{10}$ Hell. und, da 18 dergleichen Simpeln ausgeschrieben wurden, die ganze Summe, mit Einschluß der Quantæ annuæ fixæ, 480,687 dergl. Guld. 2 $^3/_5$ Alb. Welche ausmachen in Rthlr. cour. 147,903 56 $^3/_5$ Alb. <26> Das Residuum vorjähriger Landesrechnung war 106,636 Rthlr. 75 Alb. 6 $^{61}/_{80}$ Hell. und der General-Empfang: Rthlr. cour. 209,019. 57 Alb. 7 $^1/_{40}$ Hell. An Subsidien erhielt der Kurfürst 70,000 Rthlr., zum Schloßbau 10,000 Rthlr. {wovon die eine Hälfte aus dem Reduktions- und die andere aus dem Tilgungsfond genommen worden}. Danach und nach abgezogenen andern Ausgaben erschien ein Residuum von mehr empfangen als ausgegeben Rthtr. 9,752 75 Alb. 7 $^{33}/_{80}$ Hell.

Die Regalia des Fürsten sind wegen dem Licent zu Uerdingen und den Rheinzöllen zu Andernach, Linz, Bonn und Uerdingen {der zu Zoes geht für das Domkapitel ab} wichtig. Den Zoll zu Rheinberg {welcher izt zu Uerdingen ist} nebst dem dasigen Ruhrzoll trat Max Heinrich nebst der Administration desselben; so wie die Hälfte aller Einkünfte aus dem Zolle zu Linz, Kurfürst Ferdinand dem Domkapitel ab. Von dem gedachten Zolle zu Rheinberg heißt es in der Kapitulation des

Kurfürsten Max Heinrichs, daß dessen jährlicher Ertrag seit einigen Jahren nicht mehr an die Summe von 4,458 ½ Goldgulden gereichet habe. Was derselbe jährlich über diese Summe einbrachte, fiel der erzbischöflichen Tafel zu. Hieraus läßt sich ungefähr auf dessen Ertrag in Mitteljahren zu jener Zeit schliessen. Von dem Ertrage der übrigen läßt sich nichts bestimmtes angeben. Die Landzölle im Erzstifte sind verpachtet. Das Bergwerks-Regal ist <27> ist von wenigerm Belange. Der Kurfürst erhält daher den Zehnden, nicht des rohen Steines, sondern des geschmolzenen Metalls. Die Domänen werden administrirt, und bestehen theils aus Wein- theils aus Landgütern. Sie sind eben auch nicht unbeträchtlich.

Um aus der Geschichte des Landes auch etwas hieher zu bringen, so ist bekannt, daß es jener Strich sei, welchen Markus Vipsanius Agrippa den Ubiern zur Wohnung angewiesen hat. Diese Ubier waren ein teutsches Volk, und bewohnten vordem das gegenseitige Ufer des Rheines. Ihre Nachbaren waren die Schweifen und Katten, vor deren feindseligen Ueberfallen sie sich endlich nur dadurch zu retten wußten, daß sie sich unter den Schuz der Römer begaben, von welchen sie dann, nach geprüfter Treue {wie Tacitus sagt} über das Rheinufer es zu bedenken, nicht aber dadurch beschränkt zu werden, versezt wurden. Claudius schickte, auf Zuthun seiner Gemahlinn Agrippina, welche in ihrer Stadt {denn lange müssen die Ubier nur die einzige gehabt haben, da Tacitus dieselbe schlechtweg das Oppidum Ubiorum nennet} geboren war, römische Veteraner und eine Kolonie dahin, woher ihr der Name Colonia Agrippinensis, vel Agrippinensium, und Colonia Claudia Augusta Agrippinensium gekommen ist, den sofort die ganze Völkerschaft gegen ihren ursprünglichen {ohne sich jedoch, nach des Tacitus Zeugniß, ihres Ursprungs zu schämen} gern vertauschte. Diese <28> Stadt ward bald ansehnlich; erhielt das italische Bürgerrecht; und {nachdem die Römer einem Theile Galliens den Namen des Landes gegeben hatten, an dessen Unterjochung sie nun einmal verzweiflet waren, und welches sie unterjochet zu haben doch so gerne scheinen wollten} den Titel einer Hauptstadt des andern Germaniens. Im fünften Jahrhundert kam dieselbe unter die Botmäßigkeit der Franken, bei welcher Gelegenheit sie freilich verwüstet, doch auch wieder hergestellt wurde, und selbst bei dem Theile jener Nation, welcher sich von den

Ufern nannte {Franci ripuarii} die Hauptstadt, sowie, nach Mainz, die andere unter allen Städten Galliens ausmachte: denn Gallien blieb doch, troz dem römischen Stolze und den Niederlassungen der Germanen auf demselben, das linke Rheinufer mithin die sogenannte Germania prima & secunda nichts mehr und nichts weniger als ein Theil des belgischen Galliens, dieses leztere in seinem ausgedehntern Verstande genommen.

[Die Geschichte der Kölner Erzbischöfe und Erzkanzler]

Was man so lange von einem gewissen Maternus geschrieben hat, welcher im ersten Jahrhundert der christlichen Zeitrechnung vom H. Petrus in jene Gegenden geschickt worden sein, und, nachdem er darinn mit vielem Erfolge das Evangelium geprediget, den Grund zu dem Bißthum Köln geleget haben solle, ist nun ziemlich für ein Mährchen bekannt, und das Dasein eines Bischoffes der kölnischen Kirche überall vor dem Anfänge des vierten Jahrhunderts nicht erweislich. Um diese Zeit aber hatte <29> sie einen Bischoff welcher der Kirchenversammlung zu Arles A[nno] 314 beigewohnet und Maternus geheissen, doch bekanntlich nicht vom H. Petrus hat können gesandt werden. Diesen Maternus machen einige zum ersten Erzbischoffe von Köln, allein ohne Grund: da erweislich ist, daß keine Kirche der beiden Germanien vor dem achten Jahrhundert zu der Würde eines Erzbißthums erhoben worden sei. Erst unter den fränkischen Fürsten Karlmann und Pipin wurde ernsthaft an die Errichtung eines solchen für jene Provinzen gedacht. Eben damals war Bonifacius, welchen Pabst Gregor II. zum Bischoffe und dessen Nachfolger Gregor III. A. 732 zum Erzbischoffe konsekriret hatten, in Teutschland und wurde, da er nur regionarius, oder an keinen bestimmten Siz gewiesen war, zum Vorsteher der zu erhebenden Kirche ausersehen. Nun starb A. 745 der Bischoff Reginfried von Köln und erleichterte die Wahl jener Fürsten, die sich des ledigen Stules zu ihrer Absicht bedienten, indem sie denselben für einen erzbischöflichen erklärten und Bonifazen darauf sezten, auch darüber die Bestätigung des Pabstes Zacharias erhielten. Nun ergab es sich, daß Bischoff Gewielieb oder Gervilio zu Mainz des Mordes beschuldiget und auf einer Kirchenversammlung, welche Bonifaz, auf Karlmanns Befehl ausgeschrieben hatte, der bischöfflichen Würde beraubet wurde. Mainz war bisher dem Stule von Köln als dem einzigen erzbischöfflichen in Teutschland unterworfen: Und doch war <30> war jenes die Hauptstadt des ersten, und diese nur die Hauptstadt des andern Teutschlandes. Diese, vielleicht auch noch andere, Rücksichten bestimmten bei jener Gelegenheit die genannten Fürsten, die Sache umzukehren; und so wurde Bonifaz nach Mainz versetzt, und seine neue Kirche vom Pabste zur Metropolis für ganz Teutschland erhoben, auch ihr namentlich Köln nebst Tungern und Utrecht unterworfen. Auf diesem Fusse blieben die Sachen ohngefahr 50 Jahre hindurch, bis, vermuthlich zwischen 794 und 799, der kölnische Bischoff Hildebold seiner Kirche die erzbischöffliche Würde neuerdings zuwege brachte. Dieser Herr hatte sich die Päbste Hadrian und Leo sowohl als Karl den G. {unter welchem er als Erzkaplan die Kirchensachen im Reiche betrieb} sehr verbindlich zu machen gewußt, auch vielleicht einigen Antheil an der Vorliebe, womit jener Kaiser der Stadt Achen zugethan war: Nun hatte lezterer diese Stadt zum Sizze des Reiches bestimmt, und sah die Schicklichkeit ein, die Kirche, unter deren Sprengel sie gelegen war, zur erzbischöfflichen zu erheben. Dies konnte damals um so füglicher geschehen, da inzwischen wieder neue Bißthümer in Westphalen, um das neue Erzbißthum auszumachen, entstanden waren; auch dem Erzbischoffe von Mainz, durch Unterwerfung dergleichen in Teutschland neuerrichteter Bißthümer unter seine Gerichtsbarkeit, ein Ersaz für die Entziehung der Kölnischen und Lütticher Provinz geschehen konnte. Denn wahrscheinlicher Weise wurde leztere nebst Utrecht dem neuen <31> Erzbischoffe gleich unterworfen. Utrecht blieb bis in das sechszehnte Jahrhundert suffragan, wo es unter den Päbsten Paul IV. und Pius IV. in den Jahren 1559 und 1560 eximirt und zum Erzbißthume erhoben wurde. Die von Karl dem G. gestifteten Bißthümer Minden, Münster und Oßnabrück kamen gleichfalls unter Köln, und erst durch den westphälischen Friedensschluß wurde Minden als ein Fürstenthum dem Marggraf von Brandenburg abgetreten; im Bißthum

Oßnabrück aber blos die geistliche Gewalt des Erzbischoffes in Ansehung der Evangelischen aufgehoben.

Die neuen Erzbischöffe von Köln erhielten bald das Pallium, und sogar erlaubte dem Erzbischoffe Bruno Pabst Anacletus II. dasselbe, so oft ihm gut dünkte, anzulegen. Doch war dieses Privilegium nur personel: nicht aber jenes sich das Kreuz vertragen zu lassen und ein Prunkpferd {Naccus} zu halten. Pabst Leo IX. bestätigte denselben A. 1052 das Privilegium, gleich nach ihm oder seinem Legaten, a latere bei Kirchenversammlungen in deren Dioces zu sizzen; das Recht, den Kaiser zu krönen, und die Unabhängigkeit von jedem Primaten, ausser dem römischen Stule. Daß nun aber die Erzbischöffe von Köln wenigstens schon im zehnten Jahrhundert diese Privilegia, mithin den Primat, gehabt haben, erhellet aus einer Bulle vom Jahre 968, worinn Pabst Johann XIII. dem Magdeburgischen Erzbischoffe Adalbert jenen Primat ertheilet, und nebenher den Erzbischöffen von Mainz, <32> Trier und Köln die nemliche Würde {parem honorem} konfirmirt. Hieraus laßt sich zum Theile der ehrwürdige Hontheim widerlegen, da er behauptet, daß das Erzbißthum Köln von jenem Pabste Leo IX. im J. 1049 dem Primatrechte des Erzbischoffes von Trier unterworfen worden sei. Lezterer erhielt freilich den Primat durch das belgische Gallien: allein nur durch das belgische Gallien in seinem engern Verstande, und mit Ausschluß der beiden Germanien genommen … Das obige Privilegium des ersten Sizes der Erzbischöffe von Köln nach dem Pabste hat in der Folge Pabst Innocenz IV. dahin ausgedehnet, daß er Arnolden zu seinem Legaten ernannt, und dadurch dessen Folger befugt hat, sich bis auf den heutigen Tag geborene Legaten des apostolischen Stules zu nennen. Sonst ertheilet noch jene Bulle des Pabstes Leons IX. dem Erzbischoffe von Köln die Würde eines Kardinals unter dem Titel: Iohannes des Täufers vor der lateinischen Pforte. Ob dadurch nun aber der Purpur dem Erzstifte anklebig worden sei, also daß alle kölnische Erzbischöffe sich gleichfalls Erb- oder geborene Kardinale des römischen Stules nennen könnten, ist zweifelhaft. Endlich wird kraft der mehrgenannten Bulle den Erzbischöffen von Köln die Erzkanzlerwürde des apostolischen Stules bestätiget. Ich sage bestätiget: denn schon Piligrim, der Vorfahr des Erzbischoffes Hermann, an welchen jene Bulle gegeben ist, übte das Amt eines Kanzlers unter Benedikt VIII. und Johann XIX; jener

Hermann <33> aber unter dem oftgedachten Leo IX. aus, da er selbst die Bulle, wodurch ihm seine Rechte und Privilegien bestätiget wurden, und in der Folge noch viele andere unterschrieben hat, wie sich dann fast von jedem Jahre der Regierung jenes Pabstes eine mit Hermanns Unterschrift vorfindet. Des leztern Folger Anno sezte das Amt unter den Päbsten Viktor II. und Alexander II. fort; ein Beweiß, daß das Privilegium nicht personell gewesen. Inzwischen kam, wegen der Abwesenheit der Erzbischöffe von Rom, allmählich auch sogar die Gewohnheit, ab, bei den Unterschriften der Bullen des Erzkanzlers zu erwähnen, bis endlich im zwölften Jahrhundert Erzbischoff Friederich dieselbe wieder erneuerte: wenigstens findet sich eine in dessen Namen unterschriebene Bulle vom Jahre 1111. Auch scheinet der Gebrauch hierin seinen Grund zu haben, kraft wessen der römische Hof keinen Kanzler bestellet, sondern derjenige, welcher die Geschäfte eines Kanzlers versieht, sich nur einen Vicecancellarium {gleichfalls einen Stellvertreter des durch Abwesenheit verhinderten Kölnischen Erzkanzlers} nennet.

Nebst diesen Kirchenwürden besizen die Erzbischöffe von Köln auch die eines Erzkanzlers des H. R. Reichs durch Italien. Den Ursprung derselben wollen einige in den Zeiten der Regierung Kaisers Otto des G. wieder finden: allein es ist erwiesen, daß damals die Erzbischöffe von Köln das Erzkanzleramt durch Teutschland verwaltet <34> haben. Nach der Vereinigung Italiens mit dem Reiche hielt Otto I. die Gewohnheit bei, an die Italischen Schreine italische Bischöffe als Kanzler zu sezzen, und denselben die Besorgung der Geschäfte, welche Italien betrafen und daselbst expedirt wurden, anzuvertrauen; und dies vornemlich, wenn er, der Kaiser, gegenwärtig war. Den Schreinen Teutschlandes stand der Erzkanzler des Reiches vor, und in diesen wurde ausgefertigt, was nicht nur Teutschland, sondern auch Italien betraf; Dies wurde nemlich alles, nach Willkühr der Kaiser, so gehalten, es mogten nun die teutschen Kanzleien wirklich sich in Teutschland befinden, oder dem Kaiser auf einer Reise nach Italien, nebst dem Erzkanzler, dahin gefolgt sein. Unter Otto dem G. standen mehrere Erzbischöffe zugleich den höchsten Kanzleien vor, und unter denselben auch Bruno, des Kaisers Bruder und Erzbischoff zu. Köln; welcher nämlich vom Jahre 953 an, da er gewählet ward, bis zum J. 965, da er

31

starb, in Ausfertigung teutscher Reichs-Geschäfte das Erzkanzleramt {so wie Bischoff Wido dasselbe in Italien} versah. Volmar, Gero, Warinus, Evergerus und Heribertus, Bruno's unmittelbare Folger am Erzstifte Köln, haben, so viel bekannt, jenes Erzamt weder in Teutschland noch in Italien verwaltet. Lezteres blieb noch immer bei italischen Bischöffen, bis Heinrich II. mit seinem Liebling Eberhard von Bamberg den Anfang machte, dasselbe an teutsche Bischöffe zu bringen, und zwar stand lezterer demselben noch im J. 1023 vor. <35> Piligrim von Köln ist der erste Erzbischoff, welchem endlich das Erzkanzleramt durch Italien, {welchen die Kaiser nun eben so viel Ansehen, als jenem durch Teutschland geben wollten} vertrauet worden ist: und zwar ist es wahrscheinlich, daß die Würde eines Erzkanzlers des römischen Stules, welche er bekleidete, demselben Gelegenheit gegeben habe, sich beim Kaiser Konrad um jene zu bewerben. Piligrims Nachfolger Hermann, Anno, Hildolfus, Sigewinus, Hermann II., Friederich, Bruno, Hugo, mithin überhaupt neun Erzbischöffe von Köln, haben in einer ununterbrochenen Folge alle jenes Amt bekleidet; und zwar der erste, nach Piligrim, unter den Kaisern Konrad und Heinrich III.; die vier folgenden unter Heinrich IV., der sechste unter Heinrich V. und die beiden leztern unter Lothar II. Nach Hugo's Ableben kam Arnold I. auf den H. Stul zu Köln, ein Mann, der bekanntlich zu allen Geschäften untauglich war, und unter dessen vierzehnjähriger Regierung jenes Erzamt ruhete, da Kaiser Konrad III. theils nie nach Italien kam, theils die italischen Sachen in der teutschen Kanzlei ausgefertiget wurden; also daß auch kein anderer jener von Italien vorgesezet worden ist. Diese Zwischenzeit benahm indessen dem Rechte der kölnischen Erzbischöffe nicht das mindeste: denn, nachdem Arnold II. {welcher bisher das Kanzleramt bei der teutschen Kanzlei verwaltet hatte} im J. 1151 an die Stelle seines unthätigen Namensgenossen gekommen war, übte derselbe jenes Recht seiner Kirche <36> wieder aus, und nannte sich zum ersten einen Erzkanzler durch Italien, so wie er dann auch, da Kaiser Friederich I. 1154 sich in Italien aufhielt, um die italischen Sachen auszufertigen, denselben nicht verließ. Dieser Kaiser nennet ihn selbst in einem Diplom den Archicancellarius Italici regni. Ihm folgte am Erzstifte und im Erzkanzleramte Friederich, welcher den gedachten Kaiser dieses Namens auf seinem zweiten Zuge nach Italien begleitete, und, nachdem er A. 1159 daselbst gestorben war, durch Reinalden ersezt wurde. Dieser war nicht so balde zum Erzbischoffe gewählet, als er nach Italien eilte, und schon das Urtheil, wodurch der Kaiser A. 1160 zu Pavia den Streit zwischen den deutschen Bischöffen von Bamberg und Würzburg endigte, unterschrieb. Dieser leztere Vorfall erweiset,

a. daß das Erzkanzleramt schon damals dergestalt an der Kirche von Köln gehaftet habe, daß dasselbe gleich nach der Wahl von dem neuen Erzbischoffe ausgeübet worden sei.

b. Daß die Urkunden über die Verhandlung teutscher Sachen, wenn dieselbe in Italien geschehen war, eben sowohl in italischen Kanzleien ausgefertiget worden sein, als dies in ähnlichem Falle mit italischen Angelegenheiten in Teutschland geschah.

Von dieser Zeit an bedienten sich die Erzbischöffe von Köln öfterer des Titels der Erzkanzler durch Italien oder des Italischen Reiches, so wie die Erzbischöffe von Mainz derer durch Teutschland. Reinald bediente sich dieses Titels zuerst in seinen eigenen Briefen, worinn ihm seine Nachfolger, besonders im dreizehnten Jahrhundert, <37> vielfältig nachahmten: da man im Gegentheile ein Beispiel dieser Art bei den Erzbischöffen zu Mainz erst im Jahre 1237 antrift. Nach Reinald verwaltete noch unter dem nemlichen Kaiser Friedrich I. dessen Nachfolger Philipp jenes Amt; so wie Adolph unter Heinrich IV. Theoderich unter Otto IV. und Friedrich II. Um diese Zeit soll die Gewohnheit aufgekommen sein, bei den Unterschriften der Urkunden den Namen des Erzkanzlers in dessen Namen sie geschahen, auszulassen; wiewohl sich schon Spuren hievon in den Zeiten Friedrichs I. finden. Engelbert I. und Arnold III. übten ihr Recht unter Kaiser Friedrich II. auch noch aus, so wie deren Nachfolger Engelbert II., Siegfried, Wichbold, Heinrich II., Wallram und Wilhelm sich vielfältig in eigenen Urkunden den Titel des Amtes geben, welches unter Karl IV. die goldene Bulle, als durch die bisherige Reichsobservanz dem Erzstifte gleichfalls erblich und anklebend, erkennet und bestätiget. Seit dem zwölften Jahrhundert haben die Erzbischöffe von Köln aufgehöret, die Kaiser auf ihren Zügen nach Italien zu begleiten, dagegen aber zur Verwaltung ihres Erzamtes einen Vicekanzler substituirt, wozu dieselbe dann ein, dem Erzbischoffe Heinrich II. von Ludwig dem Baiern im J. 1310 zu Speier ertheiltes,

Privilegium berechtigte. Da nun aber die Züge der Kaiser nach Italien ganz aufhöreten, und alle Sachen ohne Unterschied in der Erzkanzlei jenes Reiches ausgefertiget werden, in welchem der Kaiser sich aufhält; so ruhete bis heran <38> die Ausübung des Erzamtes, welches demungeachtet der Kirche von Köln so ungekränkt geblieben ist und hinfür bleibet, daß einzig nur eine Gelegenheit erfoderet wird, um dasselbe auszuüben.

Um hier von dem Ursprünge der kölnischen Kurwürde auch etwas anzuführen, so ist aus den Geschichten der kaiserlichen Wahlen bekannt, daß zu der Zeit, als diese noch bei allen Ständen des Reiches standen, und die Vornehmsten unter denselben blos einige Vorrechte dabei hatten, zu den leztern der Erzbischoff von Köln gehört habe; Er, der Metropolit der Provinz, welche den Königlichen Siz enthielt; der Inaururaror des neugewählten Königs; der Erzkanzler des Reichs war; und der endlich so oft zu Lebzeiten der Kaiser von diesen um mit ihnen die Regierungs-Geschäfte zu theilen, berufen ward. Da nun aber die Fürsten, welche die höchsten Stellen im Reiche versahen, den Vorzug unter den übrigen erhielten; auch mit Ausschluß der leztern im dreizehnten Jahrhundert die höchsten Beamten des Reiches, vermöge ihrer Erzämter, das Wahlgeschaft an sich brachten; so entstand, aus einer Observanz des Reiches, zugleich mit dem Kurfürsten-Kollegium, dem Erzbischoffe von Köln seine Kurwürde, deren Rechte nie in der Folge angefochten worden, und welche sich einander wechselseitig zu schüzzen im J. 1300 Wichbold von Köln, und Johann von Sachsen übereingekommen sind. Nun besizet aber der Kurfürst von Köln, ausser denen, jedem andern Kurfürsten gemeinen, <39> Vorrechten, noch einige ganz besondere für sich. So hat derselbe z. B. vermöge der goldenen Bulle, bei den Königs- und Kaiserwahlen, nach dem Kurfürsten von Trier die erste Stimme, und sizt, bei allen öffentlichen Handlungen, wenn sie in seinem Kirchsprengel oder ausser demselben, in Italien und Gallien geschehen, zur Rechten des Kaisers, welche er dem Kurfürsten von Mainz einzig in dessen Sprengel und Erzkanzlerthum {seine eigene Diöces ausgenommen} einraumet. Daß Kurtrier wegen dem höhern Alterthume seiner Kirche jenen Plaz prätendirte, geschah ohne genügsamen Grund, indem nicht das Alter der Kirche, wohl aber des Erzkanzleramtes hier betrachtet wurde: Nun versahen aber dieses das eilfte, zwölfte und dreizehnte Jahrhundert hindurch einzig die beiden Erzbischöffe zu Mainz und Köln; bis endlich zu Ende des leztern auch Trier unter dem Titel durch Gallien und das Königreich Arelat hinzukam. Doch schlug Karl IV. den Mittelweg ein und bestimmte dem Kurfürsten von Trier den Siz gerade über dem Kaiser. Da nun aber derselbe immer noch Schwierigkeiten fand, so ward endlich A. 1653 im Kurfürsten-Kollegio der Vergleich getroffen, daß er mit Kurköln, in Rücksicht des Vorsizzes, alterniren sollte. Was das Recht des Kurfürsten von Köln, den römischen König zu krönen, betrift; so kam ihm dasselbe, wegen dem in seinem Kirchsprengel gelegenen königlichen Sizze, in den ältesten Zeiten zu. Hildebold übte es durch die Krönung Ludwigs des Frommen zuerst aus. <40> Bei Otto's des G. Krönung soll Erzbischoff Wichfried die Verrichtung derselben ausdrücklich aus dem Grunde gefodert haben: weil der Krönungsort in seiner Diöces gelegen sei, und Hermann aus diesem nämlichen Grunde zu der Krönung Heinrichs III. zugelassen worden sein. Nun bestätigte im J. 1052 diesem Hermann Pabst Leo IX. jenes Recht, so wie in der Folge die Päbste Eugenius III. und Alexander III. durch Konfirmations-Bullen. Endlich, da Karl IV. durch ein ewiges und immer geltendes Gesez, Achen zum Krönungsorte der römischen Könige bestimmte; so wurde dasjenige, welches dem Erzbischoffe von Köln bisher kraft seines Diöcesanrechtes nur zukam, demselben durch ein öffentliches Gesez zuerkannt. Nun geschah's in der Folge, daß die Krönung ausser Achen und der kölnischen Diöces {wie es das Gesez im Nothfalle zuließ} verrichtet, und der Kurfürst von Mainz veranlaßt wurde, Ansprüche auf die Ehre, dieselbe zu verrichten, zu machen. Der Streit wurde durch einen, am 25 Junius des Jahres 1657 geschlossenen, Vergleich beigeleget, kraft dessen der Kurfürst von Köln den von Mainz zur Alternativ annimmt, so oft die Krönung ausser den Kirchsprengeln von beiden vorgehen sollte, sonst aber einem jeden von beiden das Recht, die Krönung in seiner eigenen Diöces zu verrichten, ungekränkt bleiben solle.

Diese Vorzüge berechtigen den Kurfürsten zu dem folgenden beständigen Titel:

> Wir ... von Gottes <41> Gnaden Erzbischoff zu Köln,
> des H. R. Reichs durch Italien Erzkanzler und Kurfürst, geborener Legat des h. Apostolischen Stules zu

Rom, in Westphalen und zu Engern Herzog, Herr zu Odenkirchen etc.

Das Wappen bestehet aus einem schwarzen Kreuze im silbernen Felde wegen dem Erzstift Köln; einem springenden weissen Pferde wegen dem Herzogthum Westphalen; drei goldenen Herzen im rothen Felde wegen dem Herzogthum Engern; und einem silbernen Adler im

blauen Felde wegen der Grafschaft Arnsberg. Der Matrikular-Anschlag des Kurfürsten ist von 60 zu Roß, und 277 zu Fuß oder 1828 Florins. Derselbe giebt zu einem Kammerzieler 811 Rthlr. 58 ½ Kreuzer.

Und nun ist noch übrig, die Folge der Vorsteher jener Kirche, von dem ersten zuverläßig bekannten bis auf den glorwürdig regierenden, hieher zu sezzen. Ich bediene mich zu dem Ende des Conatus chronologicus des Kartheusers Mœrkens, welcher zwar mit andern Chronologisten nicht ganz zutrift, aber seines Fleisses halber in Berichtigung jener ziemlich verworrenen Chronologie nicht ganz ohne Gewicht ist. Die erste Zahl bedeutet das Antrittsjahr, und die andere das Ende der Regierung eines jeden.

			Liste des Erzbistums Köln 2022	
Maternus	280	315	Maternus	(313/14)
Unbekannter	315	346	Euphrates	(ca. 343-346)
Euphrates	346	355	Severin	(397)
Severinus	355	403	Carentinus	(565-567)
Evergislus	403	418	Everigisil	(590)
Aquilinus	418	440	Solatius	(614)
Solinus	440	470	Sunnoveus	
Simonäus	470	500	Remedius	(vor 627)
Domitian	500	560	Kunibert	(ca. 627 - nach 648)

Caräternus	560	580	Botandus	(nach 648 - ca. 690)
Ebregisilus	580	600	Stephan	(ca. 690-692/4)
Remedius	600	622	Gislo	(692/4 - ca. 711)
Cunibert	623	663	Anno I.	(711/5 - ca. 715)
Bocaldus	663	674	Faramundus	(711/6 - ca. 723)
Stephanus	674	680	Alduin	(721/3 - ca. 737)
Aldewin	680	695	Reginfrid	(ca. 737-743/5)
Guiso	695	728	Agilolf	(746/7 - nach 748)
Anno	708	710	Hildegar	(ca. 753)
Pharamund	710	711	Berthelmus	(762)
Agilolphus	712	717	Ricolf	(768-777/82)
Raginfredus	718	747	Hildebold	(748/7-818)
Hildegarus	750	753	Hadebald	(819-841)
Hildebertus	753	762	Liutbert	(842)
Bertholinus	762	772	Hilduin	(842-848/9)
Rikolphus	772	782	Gunthar	(850-863)
Hildeboldus	782	819	Willibert	(870-889)
Hadebaldus	819	842	Hermann I.	(889/90-924)
Guntharius	850	865	Wichfrid	(924-953)
Willibertus	870	890	Brun(o) I. von Sachsen	(953-965)
Hermann	890	925	Folcmar	(965/6-969)
Wichfried	925	953	Gero	(969-976)
Bruno	953	965	Warin	(976-985)
Volkmar	965	969	Everger	(985-999)
Gero	969	976	Heribert	(999-1021)
Warinus	976	984	Pilgrim	(1021-1036)
Evergerus	984	998	Hermann II.	(1036-1056)
Heribertus	999	1022	Anno II.	(1056-1075)
Pilgrim	1022	1035	Hildolf	(1076-1078)
Hermann II.	1035	1056	Sigewin	(1078-1089)
Anno	1056	1075	Hermann III. von Hochstaden	(1089-1099)
Hidolphus	1076	1079	Friedrich I. von Schwarzenburg	(1100-1131)
Siegewinus	1079	1089	Brun(o) II. von Berg	(1131-1137)
Hermann III.	1089	1099	Hugo von Sponheim	(1137)
Friedrich	1101	1131	Arnold I. (von Merxheim?)	(1137-1151)
Bruno II.	1132	1137	Arnold II. von Wied	(1151-1156)
Hugo	1137	1137	Friedrich II. von Berg	(1156-1158)
Arnold	1137	1148	Rainald von Dassel	(1159-1167)
Arnold II.	1150	1156	Philipp I. von Heinsberg	(1167-1191)
Friedrich II.	1157	1159	Brun(o) III. von Berg	(1191-1193)

Reinald	1159	1167	Adolf I. von Altena	(1193-1205)
Philipp	1167	1191	Brun(o) IV. von Sayn	(1205-1208)
Bruno III.	1191	1193	Dietrich I. von Henge-bach	(1208-1212/15)
Adolph	1183	1205	Engelbert I. von Berg	(1216-1225)
Bruno IV.	1205	1208	Heinrich I. von Müllen-ark	(1225-1238)
Theodorich	1208	1214	Konrad I. von Hochsta-den	(1238-1261)
Engelbert	1216	1225	Engelbert II. von Falken-burg	(1261-1274)
Heinrich	1225	1237	Siegfrid von Westerburg	(1275-1297)
Kunrad	1237	1261	Wigbold von Holte	(1297-1305)
Engelbert II.	1261	1275	Heinrich II. von Virne-burg	(1304-1332)
Siegfried	1275	1297	Walram von Jülich	(1332-1349)
Wichbold	1297	1303	Wilhelm von Gennep	(1349-1362)
Heinrich II.	1305	1332	Adolf II. von Mark	(1363-1364)
Wallram	1333	1349	Engelbert III. von Mark	(1364-1368)
Wilhelm	1349	1362	Friedrich III. von Saar-werden	(1370-1414)
Adolph II.	1362	1364	Dietrich II. von Mörs	(1414-1463)
Engelbert III.	1364	1368	Ruprecht von der Pfalz	(1463-1478)
Friedrich III.	1370	1414	Hermann IV. von Hessen	(1480-1508)
Theodorich II.	1414	1463	Philipp II. von Daun	(1508-1515)
Rupert	1463	1480	Hermann V. von Wied	(1515-1547)
Hermann IV.	1480	1508	Adolf III. von Schaum-burg	(1547-1556)
Philipp II.	1508	1515	Anton von Schaumburg	(1556-1558)
Hermann V.	1515	1546	Gebhard I. von Mansfeld	(1558-1562)
Adolph III.	1547	1556	Friedrich IV. von Wied	(1562-1567)
Anton	1556	1558	Salentin von Isenburg	(1567-1577)
Johann Gebhard	1558	1562	Gebhard I. Truchsess von Waldburg	(1577-1582)
Friedrich IV.	1562	1567	Ernst von Bayern	(1583-1612)
Salentin	1567	1577	Ferdinand von Bayern	(1612-1650)
Gebhard II.	1577	1583	Maximilian Heinrich von Bayern	(1650-1688)
Ernest	1583	1612	Joseph Clemens von Bayern	(1688-1723)
Ferdinand	1612	1650	Clemens August I. von Bayern	(1723-1761)
Max Heinrich	1650	1680	Maximilian Friedrich von Königsegg	(1761-1784)
Joseph Clemens	1680	1723		

Clemens August 1723 1761
Max Friedrich   1761

[Die Territorien]

Soviel von dem Erzstifte überhaupt und im Ganzen genommen. Wir gehen nun an die Beschreibung seiner Theile. Um dabei wenigstens so viel Ordnung zu halten als bei dem wenigen Zusammenhang der leztern möglich ist, fangen wir an der Spize des Oberstifts an, und nehmen, so wie sich die Aemter in ihrer Lage den Rhein herunter folgen, eines nach dem andern vor. Unter jener Spizze verstehe ich die <45> Stadt Rense.

[Stadt Rhens]

Diese Stadt, auch Rees, Reinse {Rensa} genannt, liegt am linken Ufer des Rheinstromes, ohnweit Boppard {dem Borobriga, Baudobrica, Babardia der Alten} und gehörte, nebst diesem Städtchen, in vorigen Zeiten, wahrscheinlicher Weise in das Gebiet der alten Trerer. Der h. Bischoff Cunibert brachte beide Ortschaften, so wie Spey und Oberspey; item Zeltingen und Rachtig bei der Mosel, dem h. Peter von Köln zu. Boppard ist nun so lange schon vom Erzstifte ab, daß man kaum die Zeit, wannehe; noch die Art wie es verloren gegangen, anzugeben weiß. An Trier soll es von Kaiser Heinrich VII. verpfändet worden sein. Rense blieb wenigsten bis nach den Zeiten des Erzbischoffs Friedrichs III. von Saarwerden, welcher es mit Mauern umgeben, und mit Stadtfreiheiten beschenkt hat, beim Erzstifte. Nach diesem wurde es verschiedentlich zum Pfande verschrieben, und zwar erstens im J. 1445 an den Grafen Philipp von Katzenelnbogen für 9,000 rheinische Gulden. Kurfürst Ferdinand lösete es nun zwar am 6 Mai des J. 1630 von den Landgrafen von Hessen wieder ein: allein blos, um es gleich darauf für die Summe von 12,000 Rthlr. an den kölnischen Domicellar und kurbaierischen Feldmarschall Grafen Jakob von Brœkhorst wieder zu

39

versezzen. Von diesem lösete es im J. 1661 Kurfürst Max Heinrich: allein bei dem nachmaligen kostspieligen Kriege mußte es <46> neuerdings herhalten, und kam anfangs an die Abtei Gladbach; im J. 1694 aber an die, im Erzstifte Trier ohnweit Andernach gelegene Abtei Ronnersdorf, aus deren Händen im J. 1729 Kurfürst Clemens August, mittelst eigener Mitteln, die Stadt rettete, und in seinem Testament dem Erzstifte schenkte.

Etwa 400 Schritte unterhalb der Stadt, und 30 Schritte vom Rheinufer, in einer angenehmen, mit Nußbaumen bepflanzten Gegend stehet der sogenannte Königsstul {thronus regalis}, welcher, von Quadersteinen erbauet, auf 7 Schwibbögen ruhet, acht und eine viertel Elle in der Höhe, 40 Ellen und anderthalb viertel im Umkreise, und 12 Ellen und drittehalb viertel im Durchmesser hält; mit einer steinernen Treppe von 28 Stuffen, zwo starken Thüren, und oben mit sieben Sizbänken, nach der ehemaligen Anzahl der Kurfürsten des Reiches, versehen ist. Ob schon zu den Zeiten der Austrasischen Königen daselbst ein sogenannter Campus Martius {Märzfeld} gewesen, läßt sich nicht bestimmen: daß aber ehemals auf diesem Königsstule die Kurfürsten vor den Kaiser- und Königswahlen sich versammlet, ja gar die Wahlen selbst vorgenommen, und den Neuerwählten eliviret oder inthronisiret; endlich Vereine daselbst geschlossen, und sonst wichtige Reichsgeschäfte abgethan haben, ist genug aus der Geschichte bekannt. So wurde hier am 25 November 1308 Heinrich VII. von Luxemburg gewählt. Im J. 1325 war <47> hier eine Versammlung der Reichsfürsten, worinn beschlossen wurde, den Kaiser Ludwig von Baiern, troz den Absichten und Andringlichkeiten des Pabstes Johann XXII. nicht abzusezzen. Im J. 1338 wurde hier der berühmte Kurfürsten-Verein gestiftet, kraft wessen ein rechtmäßiger erwählter römischer König der päbstlichen Bestätigung und Krönung nicht bedürfen sollte. Dieser Schluß ist vom 15 Julius, und schon am 6 des nemlichen Monats hatten sich die versammelten Kurfürsten eidlich verbunden, ihre und des Reichs Gerechtsame gemeinsam gegen die überalpischen Eingriffe zu vertheidigen, welchen ungeachtet diese fortdauerten, dergestalt, daß die Kurfürsten sich im J. 1344 neuerdings zu Rense versammelten, und von da aus Gesandten mit Vorstellungen an den Pabst abordneten, welches noch sowenig fruchtete, daß lezterer am Gründonnerstage 1346 in einer

Bulle Ludwigen des Kaiserthums verlustig erklärte, und den Kurfürsten auftrug, zu einer neuen Wahl zu schreiten, oder zu gewärtigen, daß er selbst Vorsehung thun würde. Hierauf versammelten sich die Kurfürsten am 10 Julius 1346 wirklich wieder zu Rense, erklärten alda erst den Kaiserthron für ledig, und wählten am andern Tage den böhmischen Prinz Karl, Marggrafen von Mähren; eben den, welchen der Pabst vorgeschlagen hatte, und der ein Vierteljahr darauf von dem kölnischen Erzbischoffe Wallram zu Bonn gekrönet, auch schimpfweise der Pfaffenkönig genannt wurde. Eben dieser Karl lV. versammelte am 1 Junius 1376 die Kurfürsten wieder <48> nach Rense, und beredete dieselbe, seinen Sohn Wenzel zum römischen Könige auszuersehen. Ob nachher dieser Wenzel zu Rense abgesezzet worden, ist strittig; so viel aber gewiß, daß er dahin, um sich zu verantworten, abgeladen worden sei. Der an dessen Stelle den 21 August 1400 zu Boppard gewählte Kaiser Rupert wurde inzwischen noch am nemlichen Tage auf den Königsstul gebracht, und daselbst inthronisirt. Eben dieses läßt sich von dessen beiden unmittelbaren Nachfolgern behaupten. Im J. 1416 wurde daselbst zwischen den rheinischen Kurfürsten eine feierliche Verbindung getroffen, und im J. 1455 von diesem und andern angränzenden Reichsfürsten Johann von Westerburg, welcher einige nach Frankfurt reisende kölnische Bürger und andere Kaufleute beraubet und gefangen genommen hatte, zu einer Abbitte und Erlegung einer Summe von 12.000 Flor. an gedachte Kaufleute verdammet. Maximilian I. ist, so viel man zuverläßig weiß, der lezte Kaiser, welcher hier inthronisirt worden; wiewohl einige dies auch noch von Karl V. und Ferdinand I. vermuthen. Jm J. 1659 den 4 Febr. bestättigte noch Leopold dieser Stadt das, derselben im J. 1376 von Karl IV. ertheilte Vorrecht

> in dem Garten und an der Stadt, da die Churfürsten einen römischen König zu nehmen und zu wählen überein pflegen zu kommen, als Gewohnheit vor Alters gewesen ist, ein Gestühl machen, und das in alle Wege bewahren und halten zu können.

In jenem Karolinischen <49> Freiheitsbriefe sind auch der Stadt Rense verschiedene andere Vorrechte zugestanden. Die Zollfreiheit auf dem Kurmainzischen-Rheinzolle zu Oberlahnstein wurde im Jahr 1540 unter dem Mainzischen Erzbischoffe Albert von Brandenburg der Stadt für ihre eigene Weingewächse und Konsumtibilien mittelst eines besondern Vergleiches erneuert. Auf dem Kurtrierischen Rheinzolle Boppard {denn Kurtrier hat an diesem Zolle oder Wartspfennig den grösten; Hessen aber nur einigen wenigen Antheil} geniessen die Bürger der Stadt die Zollfreiheit aller, nach Rense abfahrender Baumaterialien, welche Freiheit jährlich am 1 Mai mit 2 rheinischen Gulden recognosciret wird. Auch haben dieselbe das Marktrecht in der Stadt Koblenz zum Kaufen und Verkaufen, gleich den dasigen Bürgern, welches Recht dieser von dem kölnischen Erzstifte entlegenen und abgesonderten Stadt bei Theurung und Fruchtsperren sehr zuträglich ist. Der Vergleich hierüber wird jährlich auf dem Königsstule am Pfingstmontage erneuert, da eine Deputation des Koblenzer Stadtrathes hieher kömmt und nachdem sie von den Rensern die Salutation mit einer Flasche Weins empfangen hat, mündlich und stehend die Anrede hält und Antwort empfangt. Daß dieser Ort in ältern Zeiten zu den Zusammenkünften gewählet worden, hat seinen Grund darinn, weil die vier rheinischen Kurfürsten ganz nahe dabei ihnen zugehörige Plazze haben. Denn Kurköln besizt Rense; Kurmainz Oberlahnstein nebst dem <50> Schlosse Lahneck; Kurtrier Kapellen nebst dem Schlosse Stolzenvest; Kurpfalz aber das Städtchen Braubach nebst dem auf einem gähen Felsen gelegenen Schlosse Marxburg, welches Hessendarmstadt von ihm zum Lehen hat.

Was nebst dieser Stadt von der Erbschaft des h. Bischoffs Cunibert dem Erzstifte Köln noch übrig ist, bestehet aus dem

Amt Zeltingen und Rachtig.

Dasselbe liegt, weit von den übrigen erzstiftischen Landen ab, auf der Mosel, ohnweit Bernkastel, {castellum mosellanicum Tabernæ mosellanicæ} und ist, seines vortreflichen Weinwachses halber, der kurfürstlichen Kammer wichtig. Jener h. Cunibert war der Sohn eines austrasischen Herzogs Crallo, dessen Besizthümer aus den beschriebenen Gegenden an der Mosel und am Rheine bestanden haben, und durch die Freigebigkeit seines frommen Sohnes {der im J. 663 starb} an das Erzstift Köln gekommen sind.

Zunächst nach diesem Amte, oder vielmehr zuerst, wenn man die beschriebenen Stücke als abgesondert für sich betrachten will, kömmt das

Amt Andernach.

vor, welches enthält

die Stadt, wovon <51> es seinen Namen hat, und welche in alten Zeiten Antonacum, Antenacum oder Antunacum; item Antoniacum, Antonacense csastellum u. s. w. genannt worden ist. Dieselbe liegt am linken Ufer des Rheines, in einer bergigten, doch sehr angenehmen Gegend, und ist, wie man glaubt, die älteste, auch die erste Direktorial-Stadt des Erzstiftes Köln. Ihren Ursprung will sie von einem ehemaligen Lager der Römer herleiten, und das Grab des Kaisers Valentinian enthalten. Auch sagt man, daß vor Alters die austrasischen Könige einen Hof daselbst gehabt, und besonders in der angenehmen Jahrszeit, und wenn Lachse gefangen wurden, vielfältig von Metz den Rhein herauf dahin geschiffet sein: Jenen Königshof erhielt Erzbischoff Reinold von Dasselle nachher vom Kaiser Friedrich I. zum Geschenke. Erzbischoff Friedrich I. umgab, nachdem er im J. 1109 die schismatischen Anhänger des entthroneten Kaisers Heinrichs IV. bei Andernach zerstreuet hatte, den Ort mit Mauern, bevestigte denselben gegen künftige Ueberfälle, und versah ihn mit herrlichen Privilegien. Im J. 1496 rebellirten die Bürger gegen ihren Erzbischoff Hermann von Hessen, und zwangen denselben, sie mit den Waffen in der Hand ihre Pflicht zu lehren. Denn, wie sehr auch das frische Andenken an die Geschichte des gutherzigen, aber unrecht berathenen Roprechts, manches Patrioten Herz gegen jenen Hermann, seinen Folger, verschliessen mogte, so war er doch nun verwirkliche Herr, auch der unglückliche Roprecht seiner <52> langen und harten Gefangenschaft auf dem heßischen Schlosse Blankenstein durch einen seligen Tod entronnen u. s. w. Im J. 1632 wurde Andernach von dem schwedischen General Baudißin erobert und geplündert, im folgenden Jahre aber, nachdem erst die Kaiserlich Spanischen es vergeblich belagert hatten, wieder freiwillig verlassen. Im J. 1688 machten die Franzosen sich Meister davon, zogen aber im folgenden Jahre, mit Hinterlassung entsezlicher Fußtapfen, wieder ab. Noch erzählet sich der gemeine Mann in Andernach eine Mähre, wie einstens {in den Zeiten des Faustrechtes oder wannehe? weiß ich nicht} ihre Stadt in einer erschrecklichen Fede gegen ihr nachbarliches Linz ausgezogen wäre. Da habe es sich zugetragen, daß ihre Vorfahren bei nächtlicher Weile von den Linzern im Lager überfallen, und zum Theile zermezzelt, zum Theile aber zerstreuet worden waren. Die Flüchtigen hätten sich gleichwohl wieder zusammen geraft, erholet, und ihre Feinde mit offener Schlacht angegriffen, worinn sie einen totalen Sieg über dieselbe erhalten hätten. Noch, sagt man, daß zu Andernach jährlich ein Seelenamt für die Väter, welche in jener fatalen Nacht so lumpicht und unerwartet ihr Ende gefunden haben, gehalten werde. Auch solle noch lange Zeit den Andernachern diese, von ihren Nachbarn begangene Hinterlistung so wehe gethan haben, daß weder ein Andernacher Mädchen einen Linzer Jungen, noch ein Andernacher Junge ein Linzer Mädchen habe heurathen wollen. <53> Stoff zu einer Ballade für einen vaterländischen Dichter! –

Die Stadt ist übrigens mit einem Rheinzolle, einem Franciskaner und zwei Nonnenklöstern versehen, und gehöret in geistlichen Dingen unter die Gerichtsbarkeit des Erzbischoffes von Trier, von dessen Residenzstadt Koblenz sie nur drei Stunden weit entfernt lieget. Noch ist merkwürdig bei diesem Orte, daß immer neben, einem Bürgermeister bürgerlichen Standes ein anderer aus der Ritterschaft sizze, woher in landesherrlichen Anschreiben jedesmal die Aufschrift: Unsern lieben Getreuen Ritter, Scheffen, Bürgermeister und Rath unserer Stadt Andernach gebraucht wird; da alle andere Städte des Erzstiftes ohne Unterschied einzig das Prädikat: Bürgermeister, Scheffen und Rath, erhalten. Auch das dasige kurfürstliche Gericht bestehet ursprünglich aus theils ritterbürtigen, theils bürgerlichen Schöppen, und führet daher den Namen des Rittergerichtes zu Andernach, ein Beiwort, welches bei sonstigen Gerichtern im Erzstifte nirgends vorkömmt, obgleich aus den Alterthümern der teutschen Schöppengerichts-Verfassung bekannt ist, daß ehedem nirgendwo ein Schöppe zur Gerichtsbekleidung, ohne Aufweisung einer gewissen Zahl von Ahnen, angenommen wurde. Nun werden zwar noch izt immer zu Andernach Ritterbürtige zur adelichen Schöppenbank gewählet; allein schon lange ist es aus der Mode gekommen, daß diese den Sizzungen <54> im kurfürstlichen Schöppenstule oder im Rathe wirklich mit beiwohnen.

2. Zu Andernach gehören die umliegenden Dörfer Mysenheim[14], Kehl und Namedi. Um Mysenheim und in den Gegenden des nahe gelegenen trierischen Städtchens Meyen wird ein vulkanischer Stein gebrochen, der, zu Mühlsteinen verarbeitet, in die entferntesten Gegenden verführet, und einen der wichtigsten Handelsprodukten des Erzstiftes ausmachet.

Kehl ist durch die nahe gelegenen Tönnisstein- und Heilbrunnen {acidulæ Antonianæ, Tonnersteinenses, Tillerborn etc.} berühmt. Ersterer hat vor vielen andern Sauerwassern dieses besonders, daß er, sowohl mit Wein vermischet, als allein getrunken, ungemein angenehm schmecket; auch mehrere Jahre, ohne diesen Geschmack oder seine Kräfte zu verlieren, verwahret; ja, wie die Probe oft gemacht ist, in Sina eben so schmackhaft als an der Quelle selbst getrunken werden kann. Andere ziehen doch, was den Geschmack betrift, den Heilbrunn, wegen seiner sanftem Mineralkraft, zum gewöhnlichen Trinken vor.

Bei diesen Sauerbrunnen liegt in einer sehr romantischen Gegend, zwischen Bergen ein ansehnliches Carmeliten-Kloster. Kurfürst Clemens August hat eine herrliche Kapelle dabei erbauet, und nichts gesparet, um den Ort bequem und angenehm für <55> Brunnengäste zu machen, woran es demselben doch immer noch gefehlet hat. Der Hof hat einen Verwalter da, und es wird jährlich eine ansehnliche, noch immer sich vermehrende, Menge Krüge verführet.

Von Namedy sagen verschiedene kölnische Geschichtschreiber, die aber bekanntlich eine ausserordentliche Vorliebe zu frommen Mährchen haben, daß daselbst Kaiser Constantin der G. das Zeichen, welches er bei Sinzig {Sinzeiche in alten Urkunden, von Sehen und Zeichen wie sie sagen} am Himmel gesehen haben solle, zuerst auf die römischen Fahnen habe sezzen lassen, woher dem Orte sein Namen {Name Dei} gekommen sei.

3. In der Gegend um Andernach ist übrigens noch berühmt, die Benediktiner Abtei zum Lach oder Klosterlach genannt, und von

---

[14] Der Ort ist zwar bekannt, aber nicht zu lokalisieren.

45

Heinrich Pfalzgrafen bei Rhein und Domino de lacu im J. 1093 gestiftet und dotiret. Obwohl nun dieselbe eigentlich auf der Gränze des Erzstifts Trier lieget, und desselben Landeshoheit unterworfen ist; so wird es dennoch nich[t] unangenehm sein, hier ein Paar Worte von dem dabei befindlichen stehenden See {woher ihr auch der Name Lach, lacus kömmt} zu lesen.

An der Stelle, welchen heutzutage dieser See einnimmt, solle, wie sich die Bauersleute in der Gegend erzählen, vor Zeiten das Kloster gestanden <56> haben, und wegen dem unchristlichen Lebenswandel seiner Mönche versunken sein. Da wohl selten eine Tradition des gemeinen Volkes ganz ohne Grund zu sein pfleget, und die Gegend, wovon die Rede ist, überhaupt in ihren Laven und sonstigen, unläugbar vulkanischen Produkten die deutlichsten und bündigsten Beweise von ehemaligen sehr schreckbaren Revolutionen ihres Bodens enthält: so wird es sehr wahrscheinlich, daß jener See sein Dasein, so wie mehrere seines gleichen in andern Gegenden, von einem ehemaligen unterirdischen Brande, Erdbeben u. dgl. herleite. Der Boden desselben, so wie jener einer beträchtlichen Strekke umher, bestehet aus einem schwarzen und glänzenden Sande, welcher vom Magnet angezogen wird. Er nähret die schmackhaftesten, und mit keinen andern im, ganzen Lande zu vergleichenden Fische fast jeder Art: Nur hat man bisher den Karpfen darinn nicht zum Laichen bringen können.

4. Nicht so weit von Andernach, und noch im Kölnischen liegt das adeliche Nonnenkloster, St. Thomas[15], Augustiner Ordens, welches unter die seltenen gehöret, worinn sich der Adel noch unvermischt erhalten hat, und worinn eine solche Ordnung, Lebensart, Gastfreiheit und Leutseligkeit in der Aufnahme und Behandlung der Fremden herrschet, daß man ihm zu Gefallen sich in unsern reformationsseligen Zeiten fast mit dem Nonnen, und Mönchengeschlechte wieder aussöhnen mögte. Die Einkünfte desselben sind sehr beträchtlich. <57>

5. Bei den Dörfern Fornich und auf der Broel landeinwärts, als zu Burgbroel und Tönnisstein; item auf der Broeler Lach; weiter bei

---

[15] "Unserer lieben Frau vor den Mauern zum hl. Thomas", Andernach. Nach einer päpstlichen Bestätigung 1128 erfolgte 1129 die Unterstellung durch Erzbischof Meginher unter die Springiersbacher Augustiner mit der Verpflichtung, daß die Konventionalen nach der Regel des hl. Augustinus lebten.

Wehr und der Abtei Lank, zu Kruft, zu Bleidt und Kräz im Trierischen bricht der berühmte kölnische Traß- oder Duckstein, ein unverkennbares Produkt feuerspeiender Berge, welche in den ältesten Zeiten in diesen Gegenden müssen gebrannt haben. Die meisten alten Kirchen, Häuser und Mauern in Köln, Bonn und andern Städten am Niederrheine sind von diesem Steine gebauet: und erst in neuern Zeiten hat man hier angefangen, denselben gegen den Ziegelstein zu vertauschen, und ihn blos, gemahlen und mit Kalch vermischt, als einen Mörtel anzuwenden. Dieser Mörtel ist besonders für Wassergebäude, und wird daher von den Holländern häufig gebraucht, welche eine sehr grosse Menge jener Steine jährlich bei den Gruben holen, und den übrigen Theil davon, gemahlen, an andere Nationen, sogar nach Amerika und Ostindien, wieder verführen. Auf der Broel kostet der Wagen, zu 14 Malter gerechnet, ohngefähr 3 Rthlr.; zu Köln schon über 6 Rthlr.; und in Holland nie weniger als 28 Gulden. Die Lage dieses Steines unter der Dammerde ist so verschieden als seine Mächtigkeit. Jene ist gemeiniglich 11 – 18; und diese 8 – 16 und mehr Schuhe[16]. Man hat ihn ehemals zu Tage ausgehen gefunden, woher dann vermuthlich auch unsere Vorfahren so wenig sparsam in Verwendung desselben gewesen sein mögen. Heutzutage wird er mit <58> Keilen und Schießpulver gesprenget. In keiner andern hiesigen Gegend findet man Spuren eingegangener Gruben davon, und müssen also wohl sogar die alten Römer und Ubier die angeführten schon benuzzet haben.

6. Eine Stunde von Andernach, den Rhein hinauf, stehet der sogenannte weisse Thurn, die Gränzescheidung der beiden Erzstifter Köln und Trier. Auch hier bricht ein schwarzer poröser und sehr harter Stein, dem man seine Herkunft aus einem feuerspeienden Berge auf den ersten Blick ansieht. Er wird gleichfalls zum Bauen in dieser Gegend verwendet, ist aber weiterhin fast gar nicht bekannt, wie er es doch, und vielleicht eben wie der Duckstein, verdiente. Er läßt sich mit dem Beil sehr leicht in verschiedene Formen schlagen, welche Eigenschaft ihn vorzüglich zum Gewölben-Bau tauglich machet.

7. Bochholz und Niederweiler, Ollbrück, Saffig, Walldorf und Wehr sind Herrlichkeiten oder Unterherrschaften in diesem Amte.

---

[16] Ein Schuh oder ein Fuß sind ca. 30 cm.

8. Die adelichen oder Rittersizze, welche darunter sich theilen, enthält unten das Verzeichniß D.[17]

Hierauf folget, nach der gewählten Ordnung, das <59>

Amt Aldenar.

Darinn kömmt vor

1. Arweiler eine erzstiftische Stadt am Flusse Ar in einer weinreichen Gegend gelegen. Jener Fluß entspringet in der Eiffel, nimmt unterwegs einige kleine Wässer auf, wodurch er doch keine Schiffbarkeit erhält, und fällt bei Linz {wovon unten} in den Rhein. Zum Stadtvogt oder Gerichtsvorsizzer daselbst wird immer einer vom Adel genommen, der aber diese Bedienung dermalen immer durch einen Unadelichen versehen laßt. Der sogenannte Thurm vor der Stadt Arweiler ist ein gräflicher Siz, welcher seinen Besizzer {dermal den Herzogen von Aremberg und Croy} zum Sizze auf der Grafenbank bei erzstiftischen Landständen qualificiret. Mit demselben ist der Thurm in der Stadt Arweiler {ein gewöhnlicher Rittersiz} nicht zu vermischen. Von den Schicksalen dieser Stadt haben die Jahrbücher des Erzstiftes wenig besonders aufbewahret.

2. Aldenar, ein Flecken, wovon das Amt seinen Namen hat, gleichfalls an jenem Flusse gelegen.

3. Die Herrlichkeiten Wensberg und Hersbach, Kirchsahr, Sahr, Lind und Vischel.

4. Die in dies Amt gehörigen adelichen Sizze, und <60>

5. Sonstig Dorf- und Ortschaften kommen unten in den Verzeichnissen D und B vor.

Jenseits des Rheines, diesem Amte gegenüber liegt das

---

[17] Siehe unten Seite 149.

Amt Linz und Aldenwied.

Es enthält

1. die erzstiftische Stadt Linz, welche Erzbischoff Heinrich von Virnenburg im J. 1330 dazu erhobene und, nebst Urdingen mit Mauern umgeben hat; eben um die Zeit, da er das Schloß zu Lechenich zu bauen angefangen. Jenes Linz bevestigte durch ein solches Schloß im J. 1365 Erzbischoff Engelbert, theils um die unruhigen Andernacher von da aus im Zaume zu halten, theils zum Schuzze und Behufe der dasigen Zollstätte: denn es wird hier einer der kurfürstlichen Rheinzolle erhoben, dessen halben jährlichen Ertrag aber das Domkapitel zieht. Wer den Ort im J. 1366 eingenommen und geplündert {wie die Limburger Chronik haben solle} ist mir unbekannt. Im J. 1475 eroberte es Karl von Burgund, der treue, doch eigennüzzige, und am Ende ohnmächtige Bundsgenosse und Beschüzzer des obgenannten unglücklichen Erzbischoffs Ruprechts von Köln; im J. 1632 aber der schwedische General Baudißin. Im J. 1688 nahmen es die Franzosen in Besiz, welchen aber der kaiserliche Obrist Hartingshausen es im folgenden Jahre mit List wieder entzog. Während der Truchsesischen Unruhen <61> hat Linz nebst dem nachbarlichen Unkel, womit es eine Vereinigung eingegangen war, sich durch seine muthige Widersezung gegen den entsezten Erzbischoff berühmt gemacht. Erpel, welche mit in dieser Vereinigung war, blieb nicht so standhaft. Linz liegt, übrigens auf einem ziemlich hohen Hügel, wovon man die angenehmste Aussicht in die schöne, und durch ihren guten Weinwachs vorzüglich berühmte, Gegend geniesset. Es ist ein Kapuciner- und ein Nonnenkloster daselbst.

2. Die Herrlichkeit Dattenberg und Lahr, sowie Erpel {nebst einem Fleckstädtchen, dem Domkapitel in Köln zuständig} und Schönstein.

3. Die adelichen Sizze, und

4. Die Dorf- und sonstigen Ortschaften dieses Amtes suche man unten in den genannten Verzeichnissen D und B.

Hierauf kömmt, wieder diesseits des Rheines, das

Amt Nurburg.

Mit welchem das Erzstift Köln zunächst an die gebirgigten und rauhen Gegenden der Eiffel gränzet. Reiche Eisen- und Bleiadern halten jene Gegenden für den mildern Blick der Sonne schadlos, welcher die Nachbarschaft erwärmet und befruchtet. <62> Auch ist das Amt eigentlich nicht unfruchtbar, sondern hat einen ausserordentlich tauglichen Boden für die Haver-Saat, womit es die Gegenden, welche ihm seine andern Bedürfnisse liefern, häufig versorget. Auch ersezt die Industrie der Einwohner zum Theile das, was die Natur, so zu sagen der Nachbarschaft verlieh. Es begreift

1. Adenau, einen Marktflecken, der ein Franziskaner-Kloster und viele Wollenweber-Stüle im Gange hat, welche besonders Waare, wie sie der Landmann und die mittlere Klasse von Leuten brauchet, liefern, und also viel Geld im Lande erhalten.

2. Baarweiler, ein Dorf mit einem Gnadenbilde, zu welchem häufig gewallfahrtet wird, und das also wieder in der Gegend, wohin sonst der Zufluß des Geldes sehr mittelmäßig sein müßte, am rechten Orte stehet.

3. Die Herrlichkeiten Kaldenborn und Kallreifferscheid. {Man bemerke, daß sogar die Namen der Oerter den in dieser Gegend wohnenden Winter anzeigen.}

4. Adeliche Sizze darin, besaget das Verzeichniß D und

5. Sonstige Dorfund Ortschaften die <63> Verzeichnisse B und C[18]. Man ergänze hier das ein aus dem andern.

Weiter von der Eiffel entfernet sich das

Amt Hardt.

Darunter theilen sich

---

[18] Siehe unten Seite 143 ff.

1. die Herrlichkeiten: Antweiler, Arlof und Weingarten, Klein-Büllesheim, Esch, Marmagen und Wahlen, Sazfey, Weyer und Zingsheim.

2. Die adelichen Sizze, siehe unten D [Seite 149 ff].

3. Die Dorf- und sonstige Ortschaften, siehe unten B [Seite 132 ff].

Wir kommen zu dem

Amt Reinbach.

Dasselbe enthält

1. die Stadt, wovon es den Namen führet, und welche andere Rinbach, von Rinnen {lateinisch Rhenobacum} nennen. Dieselbe gehörete zu der ehemaligen Grafschaft Hochsteden an der Ar, welche Erzbischoff Kunrad, aus dem Geschlechte jener Grafen, seinem Erzstifte Köln geschenkt hat. Erzbischoff Walram von Jülich lösete den Ort, nachdem er viele Jahre hindurch verpfändet gewesen war, im J. 1340 mittelst einer beträchtlichen Summe Geldes wieder ein, <64> und bevestigte ihn mit Mauern und Thürmen. Man sieht hier Ueberbleibsel eines verfallenen Kanals, welchen man für die alte, von den Römern angelegte Wasserleitung hält, welche von Köln bis in die Eiffel, und von da weiter bis nach Trier gegangen sein solle. Wie viel oder wenig eigentlich an der Geschichte dieser Wasserleitung wahres sei, gehöret nicht hieher zu untersuchen: Spuren davon will, man noch finden: zu Schleifskoten, westwärts bei Köln; zu Efferen; Hermülheim; Fischenich; Bischoffmaar; Lohemühl bei Bruel; bei dem Walberberg, wo ein gepflasterter gerader Weg ist, Renngaß genannt, der vielleicht, wie das Schloß Rendorf vom Rinnen des Kanals seinen Namen hat; zu Merten; Roesberg; Kardorf; unter Hemmerich zwischen Waldorf und Brenich; in dem Hoverwald hinter Alfter bei dem sogenannten eisern Mann; bei dem Schlosse Buschhoven, Morrenhoven im Kottenforst, auf dem Wege, welcher von Oedinghoven nach dem Kloster Kapellen und Dunzighofen führet, zwischen Lüftelberg und Flamerzheim; bei Weingarten; Kastenholz; Antweiler; und von da an dem Flusse Vey zu Sazvey;

Kazvey; Burgvey; Orvey; Iservey; Weyer; Kall oder Kallmuth; Heister; Keldenich; Steinfeld; Marmagen; Schmiedheim; durch den Millerwald.

2. Die Stadt Meckenheim: wenigstens folge ich hier lieber dem Verzeichnisse C [Seite 143], welches <65> dieselbe unter Reinbach sezzet. Sie soll ein Geschenk der sogenannten Königinn Richezza von Polen sein. Erst im J. 1636 erhielt sie Stadtrechte, und litte im J. 1645 vieles von den Hessen.

3. Die Herrlichkeit Sürth. Was nun aber

4. und 5. die adelichen Sizze und Dorfschafren betrift; so haben die Verzeichnisse B und D dieselbe unter die nachbarlichen Aemter vertheilet, und thun überall eines Amtes Reinbach keine Erwähnung. Dagegen giebt das Verzeichniß C hier einige Auskunft.

Der Boden dieses Amtes ist fruchtbar, und nur, je nachdem er sich der Eiffel nähert, undankbarer. Weiter fort, aber wieder nach dem Rheine zu, folget das

Amt Godesberg und Mehlem.

Darinn kömmt vorzüglich, um von oben anzufangen, zu bemerken

1. die Stadt Unkel, welche am rechten Ufer des Rheines liegt. Die Geschichte hat uns nicht viel besonders von diesem Orte aufbewahret. Vermuthlich hat er viele ähnliche Schicksale mit denen, ihm benachbarten, Oertern gehabt, wovon wir mehr wissen. So wurde es zu des Truchsesius Zeiten einmal belagert, trieb aber den Feind, mit Hülfe der Linzer {s. oben Linz} <66> glücklich ab u.s.w. Sein Name ist indessen durch den treflichen Wein, welcker in der Gegend wächst, und durch den merkwürdigen schwarzen Basaltstein, der, weil es hier ganze Berge davon giebt, überall im Lande Unkelstein genannt bekannter. Mächtige Stükke dieser Steinart liegen über dem Orte im Rheine, worunter Einer {der auch Vorzugsweise der Unkelstein heißt} die Schifffahrt ziemlich erschweret. Herr Collini[19] hat zuerst in seiner Reisebeschreibung durch jene Gegend etwas ausführliches über diesen

---

[19] (Collini 1783).

Basalt gesagt und Gründe für und wider die Vermuthung angebracht, daß er ein vulkanisches Produkt sei. Er bricht in dicht neben einander stehenden fünf und sechseckigten Säulen, die als Wehrsteine, Bänke u. dgl. gebraucht werden. Unförmliche Stükke davon legten schon die Alten als Grundwert in die Mauern und noch heutzutage werden dieselbe häufig dazu auch zum Straßenpflaster etc. verwendet und daher zu Wasser stark verführet. Das Bett des Rheines ist noch bei Bonn und weiter herunter voll von solchen Stükken, welche man bei niedrigem Wasser leicht herausholet.

Gleich unterhalb Unkel liegen

2. die Dörfer Rheinbreitbach und Scheuren, deren Einwohner mit den Einwohnern von Unkel die Bürgerschaft dieser leztern Stadt ausmachen. Rheinbreitbach ist der beiden, dabei befindlichen Kupfergruben halber merkwürdig. Eine zwar, oder das sogenante Hackswerk stehet seit verschiedenen <67> Jahren stille. Die andere heißt das St. Josephswerk und hält sich noch immer im Gange, wiewohl die Ausbeute in den leztern Jahren nachzulassen angefangen hat. Die Gegend um diesen Ort hat übrigens noch einen vortreflichen und haltbaren Bleichart, der neben seinem Nachbar zu Erpel stehen darf. Lezterer Ort liegt gleich oberhalb Unkel. Der beste Wein wächst auf einem Felsen von Schieferstein, der die Erpeler Ley genannt wird.

Unterhalb Breitbach, ohngefahr dem Bergischen Flecken Honnef gegenüber, liegt auf dem Rheine

3. die Insel Rolandswerth, auch Nonnenwerth genannt, von dem Nonnenkloster Benediktiner Ordens, welches Erzbischoff Friedrich I. im J. 1120 auf demselben erbauet und gestiftet hat. Ihm gegenüber auf dem linken hohen Ufer des Rheines oder Rolandsecke finden sich noch Trümmer eines alten Schlosses, das zu jenes Friedrichs I. Zeiten schon zerfallen gewesen, und von demselben wieder in den Stand gesezzet worden ist. Denn, daß dasselbe, nebst dem Schlosse Drachenfels {s. unten} von einem sichern Erzbischoff, der sein Harem in dem Kloster Nonnenwerth gehabt haben solle, zur Beschüzzung seiner geistlichen Freudetöchtern, angeleget worden sei, ist wohl ein Mährchen.

Weiter herunter am Fusse des sogenannten Siebengebürges liegt

4. Königswinter, ein ansehnlicher Flecken, und durch die soge-nannten <68> Hau-, oder Königswinter-Steine, welche auf jenem Ge-bürge gebrochen und bei diesem Orte zu vielerlei Gebrauche verarbei-tet werden, bekannt. Die namhaftesten der sieben Berge sind: Drachen-fels, Wolkenburg, Löwenburg, und Stromberg. Auf allen entdecket man noch Spuren alter Schlösser, wovon man vermuthet, daß sie im J. 368 Kaiser Valentinian, nebst andern auf beiden Rheinufern, erbauet habe. Drachenfels und Wolkenburg sind nachher, nebst dem angeführ-ten Rolandsecke von dem Erzbischoffe Friedrich I., welchen der Kaiser Heinrich V. mit einem zahlreichen Heere heimsuchte, hergestellet wor-den. Dieser Erzbischoff Friedrich I. starb im J. 1131 auf dem gedachten Schlosse Wolkenburg, und liegt in dem Kapitelhause zu Siegburg be-graben. Das Schloß Drachenfels schenkte um 1138 Kurfürst Arnold I. dem Probste Gerhard von Bonn und dessen Nachfolgern. Von diesen kam es in der Folge, nebst dem darzu gehörigen sogenannten Ländlein, an ein adeliches Geschlecht, wovon mehrere Glieder unter dem Namen der Burggrafen in Drachenfels vorkommen, und dessen lezterer Zweig Appollonia, Theodors, Burggrafen in Drachenfels Tochter, dasselbe durch ihre Vermählung mit Otto Wallbot von Bassenheim im J. 1580 an lezteres Haus brachte, und sofort die Zertheilung desselben in die drei Linien von Bassenheim, Ollbrück und Goudenau veranlaßte. <69> Der Stromberg heißt izt Petersberg, und hat eine Kapelle auf seinem Gipfel, wohin zu Zeiten gewallfahrtet wird. Unter dem Erzbischoffe Bruno II. baueten sich unter Anführung eines andächtigen Bruders Walter einige Augustiner Mönche darauf an. Jener starb am 27 Febr. des J. 1136, wo-rauf im J. 1188 Erzbischoff Philipp von Heinsberg ein Theil Mönche aus dem Kloster Hemmenrode dahin, und somit die ersten Mönche des Cistercienser Ordens in das Erzstift brachte. Jenen stand der Stromberg vermuthlich nicht ganz an, weshalben sie ihn nach vier Jahren wieder verliessen, und in das nahegelegene Thal Heisterbach wandelten, woselbst noch ihre Abtei steht.

Am linken Ufer des Rheines, aber noch eine ziemliche Strecke vom Strome, und von Bonn noch eine gute Stunde erfernet, steht

5. der Godesberg, mit ansehnlichen Trümmern des Schlosses, welches Erzbischoff Theodorich im J. 1210, um sich gegen päbstliche Gewaltthätigkeiten und das Eindringen seines zweiten Vorfahrens zu

schützen, gebauet; Herzog Ferdinand von Baiern aber am 17 Decemb. des J. 1583[20] gesprenget und mit stürmender Hand eingenommen hat. Lezterer hat einen schwarzen Marmor, welcher sich nach der Sprengung zu oberstauf der zersprengten Mauer gefunden, mit der Inschrift:

[in der Vorlage:]	[tatsächlicher Befund und Übersetzung:]
ANNO DNI MCCX GVDEN-BERG FVNDATVM E A TEODERICO EPO I DIE MAVROR INR	ANNO · D(OMI)NI · MCCX GUDENSBERG · FUNDATUM · E(ST) · A · TEODERICO · EP(IS-COP)O · I(N) · DIE · MAU-ROR(UM) · M(A)R(TYRUM)
	Im Jahr des Herrn 1210 ist die Godesburg gegründet worden von Bischof Dietrich [von Hengebach] am Tag der Mauren[21] [= 15.10.1210]

mit nach München genommen, wo er noch in dem dortigen Kurfürstl. <70> Antiquario vorhanden ist. Aus einer andern ausgegrabenen Steinschrift erhellet, daß zu der Ubier Zeiten auf diesem kleinen Berge oder Felsen ein Fanum, dem Gotte Merkur, Godes oder Wodan geheiliget, gestanden habe, woher also der Namen Godesberg seinen Ursprung herleitet.

Am Fusse des Berges liegt das Dorf gleiches Namens, und hinterhalb demselben in einem Wäldchen

6. das Kloster Marienforst Brigitten Ordens, welches im J. 1428 Erzbischoff Theodorich von Mœurs erbauet hat, und worinn Mönche und Nonnen beisammen leben. Mehr herauf kömmt man in das Dorf Mehlem, wovon zum Theile das Amt seinen Namen hat.

Merkwürdig ist noch auf dem Wege von Godesberg nach Bonn das

---

[20] In der Vorlage: „1563".
[21] Gemeint sind die angeblichen Martyrer Cassius und Florentius, Soldaten der Thebäischen Legion.

7. sogenannte Hochkreuz, ein Monument im gothischen Geschmacke, wovon der gemeine Mann {doch zuverläßig ohne Grund} sagt, daß da der Marktplaz des ältern Bonns gewesen sei; wovon aber ein, nun verlorenes Missale in der Dorfkirche zu Friesdorf erzählet haben solle, daß ein sicherer von Hochkirchen auf dieser Stelle einen Ritter im Duell erleget habe, und daher zur Strafe für diese That vom Erzbischoffe Theoderich von Heinsberg verdammet worden sei, das Kreuz hinzusezzen. Es habe eigentlich sonst das Hochkircher Kreuz geheissen etc. Die alte kölnische Chronik erwähnet desselben mit folgenden Worten:

> Um die Zeit <71> von 1333 richtete Kurfürst Wallram
> von Jülich das grosse Kreuz zwischen Bonn und
> Godesberg auf.

Herrlichkeiten in diesem Amte sind

8. das Ländlein Drachenfels {welches aus den Ortschaften Bisheim, Berkum, Ober- und Unterbachum, Kurighoven, Liessem, Züllighoven und Gimmerstorf bestehet} Königswinter {wozu der ansehnliche Flecken dieses Namens gehört} und Wolkenburg.

9. Adeliche Sizze und

10. übrige Dorf- und Ortschaften siehe in den Verzeichnissen B und D.

Unmittelbar nach diesem Amte folget das

Amt Bonn.

Dieses Amt enthält, laut des, im J. 1669 errichteten Descriptionsbuches oder Katastrums, Ländereien.

	Morgen
An kurfürstl. Tafelgütern	318,00
Einem hochw. Domkapitel	367,25
Der Geistlichkeit	3514,00
Gräf- und adeliche Ländereien	1908,25
Gräf- u. adelicher Sizzen Ländereien	898,25

Städt- u. bürgerliche Ländereien	1262,25
Hausmanns- u. Bauern-Ländereien	4478,50
zusammen	12747,50

<72> Dasselbe wird in folgende sieben Distrikte eingetheilt, deren Umfang nämlich die Criminal-Jurisdiktion des hohen Gerichtes zu Bonn bestimmt.

1. Der städtische Bann, welcher in seinem Umkreise die Dörfer Dransdorf und Graurheindorf ober dem Bache einbegreifet.
2. Der Kurfürstliche Dingstul Dottendorf, begreifend die Dörfer Kessenich, Dottendorf und Friesdorf.
3. Die probsteiliche Herrlichkeit Endenich, begreifend die Dörfer Popelsdorf, Endenich, Ippendorf und Eichholz.
4. Der kurfürstliche Dingstul Dustorf, begreifend die Dörfer Dustorf, Längsdorf, Mäsdorf, Oedekoven, Lessenich, Rötchen, Nettekoven, und Impekoven.
5. Der kurfürstliche Dingstul Widdig, begreifend die Dörfer Büschdorf, Uedorf, Hersel, Oberwesseling, Urfel[!], Widdig und Graurheindorf unter dem Bache.
6. Das kurfürstliche Gericht Buschhoven, Mohrenhoven und Mettekoven.
7. Der kurfürstliche Dingstul Walldorf, begreifend die Dörfer Walldorf, Kadorf und Hemmerich.

Der städtische oder Bonner Bann war, laut des obangezogenen Descriptionsbuches, damals geschäzzet

	Rthlr.
An Häusern zu	1,119,027
An Weingärten	42,039
An Gärten <73>	3,845
An Baumgarten	2,175
An wiesen und Broichland	3,426
Für 1,293 Morgen Artland, der Morg. à 200 fl.	172,400

Ausschließlich jedoch aller geistlich-gräflich und adelicher Güter.

Dies Amt nun enthält

1. die kurfürstliche Residenzstadt Bonn. Dieselbe kömmt schon beim Tacitus {Hist. lib. 4, c. 20 & 25; item lib. 5, c. 22} unter dem Namen Bonna und Bonnensia castra vor, und mag mit Andernach und mehr andern Städten einerlei Ursprung haben. Drusus legte eines von den fünfzig Castellen, wodurch er seinen Zug durch Teutschland verewiget hat, hieselbst, und gleich oberhalb eine Brücke über den Rhein an. Auch ist an diesem Orte zwischen Kaiser Heinrich dem Vogler und König Karl dem simpeln von Frankreich das bekannte Bündniß errichtet und auf dem Rheine beschworen worden. – Im J. 942 wurde unter dem Erzbischoffe Wigfried eine grosse Kirchenversammlung darinn gehalten. – Im J. 1240 umgab Erzbischoff Kunrad von Hochsteden denselben mit Mauern, erhub ihn zu einer Stadt, und versah diese sofort mit ansehnlichen Freiheiten. – A. 1254-1256 trat dieselbe zu dem berühmten Bündnisse der 66 Hansee-Städten. – Im J. 1268 schlug Kurfürst Engelbert II. von Valkenburg, nachdem er bei einem Aufstande aus Köln hatte weichen müssen, seine Residenz darinn <74> auf: diese ward in der Gegend des sogenannten Mülheimer Thürchen angelegt, nachher aber gegen eine andere verlassen, welche Kurfürst Valentin zwischen dem Stockheimer-Thor und alten Zolle erbauete. – Im J. 1583 den 2 Febr. ließ sich Erzbischoff Gebhard Truchsesius daselbst seine geliebte Agnes von Mansfeld antrauen. – Im J. 1584 gieng die Stadt, nach einer langen Belagerung, an ihren neuen Erzbischoff Ernst von Baiern mittelst Kapitulation über. – Im J. 1587 den 22 - 23 December bemächtigte sich Schenk durch List derselben. – Im J. 1589 fieng obgedachter Ernst von Baiern an, durch seine Spanier, vom Bonnerberge und der Seite des Wichelshofes die Stadt beschiessen zu lassen, und bekam sie sofort am 28 Sept. zum zweitenmale durch Kapitulation ein. – Im J. 1634 legte Kurfürst Ferdinand eine neue Residenz an, wovon der sogenannte alte Bau vor dem leztern Brande ein Ueberbleibsel war. – Im 1673 den 5 Nov. fiengen die vereinigten Holländer, Spanier und Kaiserlichen eine abermalige Belagerung an, und bekamen am 13 so wie am 5 Oktober 1689 Friedrich Wilhelm von Brandenburg an der Spizze der kaiserlichen, brandenburgischen, holländischen und münsterischen Völker; und endlich am 19 Mai 1703 die Alliirten unter Anführung der Generäle

Marlborugh, Opdam und Cohorn die Stadt, jedesmal mittelst Kapitulation, und da jedesmal eine französische Besazzung darin lag, ein. Bei diesen leztern beiden Belagerungen wurde Bonn entsezlich <75> bombardirt und beinah ganz in einen Aschenhaufen verwandelt, woher so wenig alte Häuser darin dermal vorkommen. – Im J. 1717 ließ Kurfürst Joseph Clemens die Vestungswerker auswärts und oberhalb der Stadt Vertrag- und Friedensschlußmäßig schleifen und legte am 24 August des nemlichen Jahres den ersten Stein zu der prächtigen Residenz, welche im folgenden Jahre angefangen; unter seinem Nachfolger Clemens August fast vollendet; und am 15 Jänner 1777 durch eine unversehene Feuersbrunst zum Theile wieder in die Asche gelegt worden, doch nun von Max Friedrich wieder hergestellet wird.

Diese Stadt liegt in einer der angenehmsten und fruchtbarsten Gegenden, die sich denken lassen. Sie ist nicht groß, aber niedlich und nach Verhältniß sehr volkreich: denn gewöhnlicher Weise stehet nicht nur kein Haus, sondern kaum einmal ein Stockwerk in einer abgelegenen Gasse leer. Die ganze Summe der Einwohner soll inzwischen nur an 11,000 kommen, worunter 900 Handwerksmeister gerechnet werden. Das einzig Schusteramt bestehet aus 92 Meistern, 1 Wittwe, 10 Altflickern, 13 Privilegirten, mithin ohne die Pfuscher aus 116 Haushaltungen. Das Schneideramt zählet 80 Meister u.s.w. Nimmt man nun an, daß jeder Meister seine Haushaltung habe und rechnet auf die Haushaltung fünf Menschen, so erwächst eine Summe von 4,500. Nun jedem Meister nur Einen Gesellen oder Lehrjungen gegeben, und noch <76> Hundert unter sie alle getheilt, kommen überhaupt noch tausend solcher Handwerksgenossen heraus, welche zu obiger Summe von 4,500 addirt, just die Hälfte der ganzen Einwohnerschaft herausbringen. Nun ist freilich nicht zu läugnen, daß, da häufig Meister von Einem Handwerke ihre Kinder zu Meistern eines andern Handwerks in die Lehre geben, in jener Rechnung mancher Kopf doppelt vorkomme. Dagegen ist die Volksmenge auch noch nicht ganz 11,000, und der Anschlag von 1,000 Meistersgehülfen fast gar zu mäßig. Die andere Hälfte der Einwohner bestehet größtentheils aus Leuten, welche zum Hofe des Fürsten gehören. Handel ist fast gar keiner da. Die Garnison beträgt an 900 Mann. Die städtische Burger-Verfassung anlangend, so bestehet der Rath aus vier Bürgermeistern und zwölf Rathsherren. Von jenen werden immer zween aus der Bürgerschaft und zween aus dem Mittel des kurfürstlichen Scheffenstules daselbst gewählet: Leztere heißen die Ober- oder kurfürstlichen Bürgermeister.

Um nun noch einige der vorzüglichsten Merkwürdigkeiten dieser Stadt anzuführen; so kömmt

1. die obgedachte kurfürstliche Residenz vor. Der Bau ist prächtig, und würde, wenn er nach dem Vorsazze des Kurfürsten Clemens August bis auf den Rhein fortgeführet worden wäre, fast ungeheuer geworden sein. Auffallend darinn sind

a. der westliche Flügel desselben, buon retiro oder die Kazze genannt, von einem ehemals auf dieser <77> Stelle gelegenen Festungswerke, welches diesen Namen führte. Auf derselben stehet das ungemein prächtige Bett, welches königlichen und fürstlichen Gästen eingeraumet zu werden pflegt, aber noch nie von einem gebraucht worden ist.

b. Die dem östlichen Flügel, welchen der Kurfürst bewohnt, anstossenden Gallerie- und Akademie Säle, welche ihren Pracht dem izt regierenden Kurfürsten verdanken.

c. Das diesen unmittelbar folgende Naturalien-Kabinet, dem man seine Jugend {denn auch dieses legte Max Friedrich und zwar erst im J. 1769 an} in keinem Stükke ansieht, und das mit Riesenschritten seiner äussersten Vollständigkeit zueilet. Nebst diesem muß hier

d. der dermal im Werke seienden Anlegung einer zahlreichen und kostbaren Bibliothek und Kupferstich-Sammlung wenigstens gedacht werden. Diese genannten Theile des schönen Ganzen haben bei dem damaligen Brande nichts gelitten, und verdienten auch vor allen Schonung.

2. Das Rathhaus. Nichts besonders, aber ein schöner moderner Bau, wozu Clemens August am 24 April 1737 den ersten Stein gelegt, und das im J. 1781 und 82 die lezte Hand des Meisters erhalten hat, nachdem es bis daran unvollendet gestanden hatte. Die demselben gegenüber stehende Spizsäule mit einem Brunnen, der ungemein gutes Wasser giebt, dient sehr zur Verschönerung des Marktplazzes. <78> 3. Das Clementinische Schulhaus oder das Akademie-Gebäude [in der Bonngasse]. Clemens August ließ am 11 Aug. des J. 1732 den ersten Stein dazu legen. Es hat sonst nichts besonders, als daß es an Raum und

Bequemlichkeit seinem Zwecke genugthue. Bis zur Zeit ihrer Aufhebung hatten die Jesuiten, deren Kirche und Kollegium gerade gegenüber liegt, dasselbe ein. Max Friedrich stiftete die izige Akademie; und seitdem werden die fünf untern Schulen von Weltgeistlichen, die philosophische und theologische Facultäten von Minoriten, und die juristische und medicinische von theils geist- theils weltlichen Lehrern versehen.

4. Das Zucht oder Stockhaus. Dieses ließ Clemens August in den dreißiger Jahren zu Kaiserswerth anlegen, von dannen es Max Friedrich, nachdem lezteres an Kurpfalz abgetreten werden mußte, hieher verlegte. Die Dilinquenten männlichen Geschlechts haben sonst Duck- oder Traßsteine klopfen müssen, die meistens nach Holland verführet wurden. Da aber die Hollander das Produkt, das sie bei ihrem Wasserbaue nicht entbehren können, lieber roh bei der Grube nahmen, um es auf ihren einheimischen Mühlen zu mahlen, {und es wohl gar in diesem Zustande wieder hieher zu bringen?} so ward der Debit erschweret; und man findet sich nun besser dabei, alle Delinquenten, ohne Unterschied des Geschlechtes, Wolle krazen, spinnen und stricken zu lassen. <79> 5. Das Armenhaus. Auch dieses errichtete Max Friedrich, und säuberte dadurch die Gassen seiner Residenz von ungestümen Bettlern. Für die Hausarmen wird wöchentlich besonders kollektirt, und, nach einem gedruckten neuern Verzeichnisse an dieselbe wöchentlich 129 Rthlr. 54 stbr. ausgetheilt.

6. Die Judengasse, Sie enthält 21 Häuser, worunter verschiedene sehr ansehnlich sind und darinn beiläufig 200 Seelen. Diese Leute nähren sich hier wie fast überall. Drei Viertel des ganzen Handels sind in ihren Händen. Der jährliche Tribut dieses im ganzen Erzstifte verstreuten Volkes beträgt 1,500 Rthlr.

Sonst hat Bonn

a) vier Pfarrkirchen. Die zu St. Remigius, oder die Haupt-Pfarrkirche, hat ein vortrefliches Altarblatt, welches die Taufhandlung des fränkischen Königs Klodwigs durch den h. Bischoff, in dessen Namen die Kirche geweihet ist vorstellet und von Spielberg gemalet ist. Die Pfarrkirche zu St. Marrin ist nach Art einer Römischen Rotonda erbauet und soll wirklich zu den Zeiten der Römer einer ihrer Gottheiten gerauchet haben. Ein einsichtsvoller Freund äussert die Vermuthung, daß eine vorlängst in Bonn ausgegrabene Steinschrift mit der Dedication: Maris militaris etc. zu diesem Tempel gehöret haben möge, und daß wegen der Aehnlichkeitder Namen lezterer nachher dem h. Martin geweihet worden sein könne u.s.w. <80> Andere halten diese Kirche für nichts als ein ursprüngliches Baptisterium, in dessen Mitte der Taufstein gestanden, und um welches in der Folge ein Kirchlein herumgebauet worden sei; dergleichen freilich in den ältesten Zeiten nicht ungewöhnlich ist. Nur läßt sich überhaupt nicht begreifen, wie dieses Tempelchen, das dicht am Ende der Stadt liegt, den ältern und neuern Verwüstungen der lezteren habe entgehen können. Die beiden andern Pfarrkirchen sind die zu St. Gangolph, und die in dem freiadelich weltlichen Fräuleinstift, zu St. Peter in Dietkirchen. Lezteres

b) wurde erst unter dem Kurfürsten Ferdinand zu einem solchen Stifte erhoben, und unter Max Heinrich in die Stadt verlegt, da es vordem blos ein, auf 24 Personen gestiftetes, Benediktiner Nonnenkloster, und ausserhalb der Stadtmauern vor dem Kölnthor gelegen war. Die gegenwärtige Kirche ist unter Clemens August auf der Stelle, wo sonst eine gewisse Pauls-Kapelle, zum Oueerstolz genannt, gestanden, errichtet. Daß die ehemalige Klosterkirche vor der Stadt von dem h. Matern im 1. Jahrhundert dem h. Johann Baptist zu ehren erbauet, und der Plaz dazu von einem der ersten Christen in hiesiger Gegend, Theodon oder Dedon genannt {woher der Namen Det oder Dietkirchen} hergegeben worden sein solle, sieht einer frommen Legende ziemlich ähnlich. Näher scheinen mir, was den Ursprung des Namens Dietkirchen betrift, diejenigen zuzutreffen, welche demselben von dem <81> dem Gotte Dis oder Teutates, welchem der Tempel vormals mag gehört haben, herleiten. Das Stift bestehet dermalen aus 12 Fräulein, 5 Kanonikal-Präbenden, und eben so vielen Vikarien. Unter dessen Freiheiten ist die wohl die merkwürdigste, daß es jährlich um Johannis eine freie Messe auf der Immunität vor der Stadt, wo die alte Kirche gestanden, hält.

c) Das Archidiakonalstift zu dem h. h. Caßius und Florentius will seinen Ursprung von der freigebigen Gottesfurcht der Kaiserinn Helena ableiten. Dieselbe soll nemlich im J. 316 jenen Heiligen die Kirche erbauet, und dabei ein Kloster auf 32 Geistliche gestiftet haben, das nach her, und zwar später als andere seines Gleichen, sich in ein Stift oder Kollegium abgeändert hat: wenigstens erwähnet das Testament des Erzbischoffs Bruno {† 965} zuerst eines Probsten, da alle vorherige Urkunden denselben noch den Abten von Bonn nennen; und heißen die Geistlichen dieses Münsters in Urkunden aus der Mitte des zwölften Jahrhunderts immer noch Fratres. Dieser Probst ist einer der ersten Archidiakonen, welchem ein, aus 5 Christianitäten bestehender, und bis weit in die Eiffel und das Erzstift Trier sich erstreckender Distrikt untergeben ist. Er hat den Vorrang vor den Pröbsten zu St. Gereon in Köln und zu Xanten, und von alten Zeiten her nicht nur viele Adeliche zu Vasallen, sondern auch unter selbigen seine besondern Hofämter z. B. seinen probsteilichen <82> Erbschenk, Erbmarschall, Erbhofmeister und Erbkämmerer. Auch hält derselbe jährlich zu Anfänge des Maimonats, und zwar, wie man sagt, aus Vergünstigung des Erzbischoffs Kunrad von Dassele, eine freie Messe {die Wallburgis-Messe genannt} auf dem sogenannten Münsterplazze, während welcher er drei Tage hindurch {welche in dem alten Bonnischen Scheffen-Weisthume die drei Tage seines Gerechtsams genannt werden} nicht nur die Accise von Bonn einnimmt, sondern auch eine ausschließliche, ausgedehnteste Jurisdiktion über die ganze Stadt ausübet. Was die sonstige ansehnliche archidiakonalische Jurisdiktion, welche derselbe das ganze Jahr hindurch durch seinen Official ausüben laßt, betrift; so giebt es Leute, welche zweifeln, ob dieselbe quoad civilia, aus einer besondern Conceßion herrühre, oder nicht vielmehr eine bloss geistliche Erschleichung, ex antiqua conivientia, aus den weiland frommen Zeiten her, sei; dergestalt, daß dieselbe von einem Landesherrn, den die Vorsicht in weniger fromme Zeiten gesezzet, wieder eingezogen werden könne u.s.w. Diese Leute wollen auch den obgedachten Münsterplaz nicht so schlechtweg eine Immunität genannt haben, und führen dagegen an, daß wenigstens das hohe weltliche Gericht zu Bonn Namens des Kurfürsten dreimal des Jahres eine Criminal-Gerichtssizzung, das hohe Herrngeding genannt, {wobei jedesmal die ganze Bürgerschaft unter Geldstrafe erscheinen, und das uralte Scheffen-Weisthum ablesen hören muß} <83> auf jenem Münsterplazze, und zwar an dem sogenannten steinernen Leopard {oder steinernen Wölfchen, ein kurfürstliches Jurisdiktionszeichen in Bonn} ausübe; auch Delinquenten, welche sich dort hinflüchten wollen, ohne sich um die vorgebliche Immunität zu bekümmern, wegnehme u.s.w. Ich, der ich dieses schreibe, gehöre eben sowenig auf die Seite jener Zweifler, als auf die ihrer Gegner, sondern erzähle nur, unpartheiisch, wie ein Geschichte schreibet. – Sonst hat das Stift neben den 40 Kanonikaten {deren 8 ein sicherer Probst derselben Gerhard Graf von Sain {† 1177} aus seinem Vermögen gestiftet hat} 21 Vikarien; eins Schule mit 2 Lehrern und ein Hospital, das Erzbischoff Friedrich I. erbauet und fundiret haben solle. Sehenswerth ist in der Kirche das Bild der angeblichen Stifterinn in Bronze.

d) Drei Bettelmönch-Klöster, die Minoriten, Franciskaner und Kapuciner. Erstere fundirte im J. 1295 Erzbischoff Siegfried von Westerburg; die zweitern brachte unter dem Erzbischoffe Ferdinand im J. 1624 Pater Winand Sparr aus dem, im J. 1491 von dem Erzbischoffe Hermann von Hessen zu Bruel gestifteten, Kloster hieher; und leztere wurden von eben dem gedachten Erzbischoffe Ferdinand im J. 1618 eingeführet. Derselbe bauete ihnen im J. 1622 eine Kirche, welche, nachdem sie am 23 Februar des J. 1754 abbrannte, Kurfürst Clemens August <84> wieder herstellte. Nirgends findet sich in diesen Klöstern etwas merkwürdiges.

e) Drei Nonnenklöster: zum Engelnthal, wälsche Jungfern und Kapucinessen. Ersteres erbauete uud fundirte im J. 1002 eine gewisse Matrone Gekela. Die Jungfern lebten bis 1417 nach der Regel des h. Augustins, da sie die Reformation des Windesheimischen Kapitels annahmen. Die zweitern pflanzte Madem Dupleßis hier an, und nahm die Erstlinge dazu aus dem Kloster Nomeny in Lothringen. Diese Nonnen, welche sich auch die Congregation de notre Dame[22] nennen, machen sich durch die Unterweisung der weiblichen Jugend viel Verdienst um die Stadt. Die Kapucineßen oder Schwestern von der Buß ließ Erzbischoff Ferdinand, gegen den Willen des Magistrats und der Bürgerschaft {welche vermuthlich des Lastes schon genug zu haben glaubten} im J. 1629 von Köln aus, wo sie kurz vorher entstanden waren,

---

[22] Die Augustiner-Chorfrauen B.M.V. oder auch Augustiner Chorfrauen der Congregatio Beatae Mariae Virginis sind ein römisch-katholischer Frauenorden. Sie sind in Frankreich unter dem Namen „Congrégation de Notre-Dame de chanoinesses de Saint Augustin", kurz Congrégation Notre Dame, bekannt. In Deutschland wurden sie zur Zeit ihrer ersten deutschen Niederlassungen auch als Welschnonnen oder Lotharinger Chorfrauen bezeichnet.

hieherkommen. Diese Schwestern von der Buß, auch die armen Kapuzinessen genannt, haben sich in der kurzen Zeit vielen Reichthum gesammelt.

Ueberhaupt fand ich im J. 1781 in Bonn Weltgeistliche 100, Klostergeistliche männlichen Geschlechts 95, weibl. Geschl. 76. Summe aller Geistlichen 271.

Uebrigens residiret noch in Bonn die hohe Landesregierung und übrige preiswürdige Collegia, welche oben genannt worden sind. <85> Und, gleichwie überhaupt alle Jurisdiktionalien im rheinischen Erzstifte {die Unterherrschaften oder Herrlichkeiten ausgenommen} blos und unmittelbar dem Kurfürsten gebühren, und in dessen Namen ausgeübet werden; hiernach aber, wie wir gehöret haben, jenes rheinische Erzstift in das Ober- und Nieder-Stift eingetheilet, und darinn nur zween, mit gelehrten Gliedern besezte Oberscheffen-Stüle, die beiden Kurfürstlichen hohen weltlichen Gerichter genannt, und zwar der für das Nieder-Stift in der Stadt Köln angestellet: also befindet sich der andere in Bonn, als wohin das gesammte Appellationswesen von allen übrigen Gerichtern aus dem ganzen Oberstifte und die Ausübung der peinlichen Gerichtsbarkeit hingehöret.

Endlich ist von Bonn noch anzumerken, daß daselbst ein kurfürstlicher Rheinzoll erhoben werde.

2. Herrlichkeiten in diesem Amte sind, Alfter, Probstei Bonn, Bornheim, Flerzheim, Heimerzheim, Lüftelberg, Meckenheim, Merl, Michel, Muggenhausen, Neukirchen, Niederdries, Schwarzrheindorf, Vilich, und Walldorf bei Radorf[!].

3. Adeliche Sizze siehe unten in dem Verzeichnisse D. <86>

4. Merkwürdigere Oerter: Alfter, ein Dorf mit einem Nonnenkloster Augustiner Ordens. – Grau-Rheindorf unterhalb Bonn am Rheine gelegen. Auch hier ist ein adeliches Nonnenkloster Cistercienser Ordens, worinn doch der Adel ziemlich ausgestorben, und sogar die dermalige Aebtißinn bürgerlichen Standes ist. Noch ist bei diesem Dorfe merkwürdig, daß die Bauern, welche oberhalb des Baches, welcher dadurch fließt, wohnen, das Bürgerrecht zu Bonn haben, auch mit den Einwohnern dieser Stadt alle Freiheiten und Lasten theilen; da der andere Theil des Dorfes gleich andern Dörfern gehalten wird. Jenes Bürgerrecht in Bonn hat auch das Dorf Dransdorf, ohnweit dieser Stadt.

– Meckenheim, die Stadt, haben wir oben in das Amt Reinbach gebracht. – Poppelsdorf, welches mittelst einer doppelten Allee mit dem Bönnischen Schloßgarten zusammenhanget, ist erst wegen dem Lustschlosse Clemensruhe, welches einen vortreflichen Grotten und Muschelsaal, auch schöne Garten hat; sodann wegen seiner Faience-Tuch-Savonerie und Flanell-Fabriken merkwürdig. Auch kann man bei demselbey nicht umhin, einiges von dem Berge zu sagen, an dessen Fusse es liegt. – Der Kreuzberg, Erzbischoff Ferdinand ließ an die Stelle einer alten verfallenen Kapelle zuerst eine ordentliche Kirche darauf sezzen, und einige Geistliche aus dem Serviten-Orden kommen, welchen er dieselbe übergab. Durch die Freigebigkeit der folgenden Erzbischöffe nahm die Pracht dieser Kirche und der Stiftungsfond immer zu. <87>

In der Fasten wallen viele Pilger aus der Gegend dahin. Die Aussicht von demselben ist sehr reizend. Auch war es hier, wo Kurfürst Friedrich Wilhelm von Brandenburg bei der fatalen Belagerung der Stadt Bonn [1689] sein Hauptquartier aufgeschlagen hatte. – Hinter demselben liegt das Dorf Rötgen, und bei diesem das ungemein niedliche Jagdschloß Herzogsfreud, welches Kurfürst Clemens August anlegte, doch Max Friedrich, weil er die Jagd nicht, wie sein Vorfahr, lieber, und sich dadurch seinen Unterthanen desto segensswerther macht, nicht gar sorgsam unterhalten läßt. – Roistorf bei Alfter am Vorgebirge ohnweit Bonn, hat einen Sauerbrunnen. – Schwarz-Rheindorf jenseits Rheines bei Bonn, hat ein freiadeliches weltliches Fräulein-Stift, welches aus einem Nonnen-Kloster Benediktiner Ordens erwachsen ist, das im J. 1152 Kurfürst Arnold II. von Weda gestiftet, und dessen Folger Philipp im J. 1173 mit seinen Besizthümern in Schuz genommen hat. Die Kirche ist dem h. Clemens zu Ehren erbauet, und bewahret die Asche ihres Stifters auf. Wenig entfernt davon liegt Vilich {Velike in alten Urkunden} mit einem ähnlichen Fräuleinstifte, dessen Ursprung gleichermassen ein Nonnenkloster ist, welches gegen das J. 985 Mengoz {Megingoz} und dessen Gemahlinn Gerbirga {jener aus dem Geschlechte der Grafen von Geldern, und diese eines Godfrieds Grafen von Ardenne Tochter, wie man sagt} gestiftet, und worinn deren Tochter Adelheid erst die Regel des h. Hieronymus, nachher <88> aber jene des h. Benedikts eingeführt hat. Kaiser Otto III. beschenkte im J. 988

dieses Kloster mit den nemlichen Freiheiten, welche die Stifter Gandersheim, Quedlinburg und Essen hatten.

5. Uebrige Dorf- und Ortschaften des Amte Bonn siehe unten in dem Verzeichnisse B.

Amt Zülpich.

Darinn kömmt vor

1. die Stadt dieses Namens, auch Zülch, Tulpetum, und Tolbiacum beim Tacitus genannt. Dieselbe war zu der Römer Zeiten ein vester Ort. Auch ist es hier, wo Klodwig, König der Franken, im J. 496 über die Allemanier jenen berühmten Sieg erhielt, nach welchem er sich taufen ließ, wo Hermanfried, König von Thüringen, in Beisein, und vermuthlich auf Anordnen des Austrasischen Königs Theodorich von der Stadtmauer zu tode gestürzt wurde, und wo endlich im J. 612 die königlichen Brüder Theudebert von Austrasien, und Theuderich von Burgundien zum leztenmale aneinander geriethen, indem ersterer nach der Schlacht nicht viel weiter bis Köln fliehen konnte, wo ihn der Bruder einholte und ziemlich unbrüderlich behandelte. Einmal unter Erzbischoffe Heinrich I. im J. 1230; und nachher unter Siegfried ward diese Stadt von deren feindlichen Nachbarn eingenommen und verwüstet; unter dem Erzbischoffe Wichbold von Holte an die Grafen von Jülich verpfändet; und <89> erst im J. 1368 voll dem damaligen Erzbischoffe von Trier und Administrator des Erzstifts Köln, Cuno von Falkenstein, wieder eingelöset; endlich im J. 1642 von den vereinigten Weimar- und Heßischen Völkern, mittelst Akkord, eingenommen und sehr übel zugerichtet. – Es sind drei Pfarrkirchen und ein Kapuciner-Kloster daselbst.

2. Die einzige Herrlichkeit Gleen theilet sich unter dieses Amt.

3. Rittersizze kommen unten in dem Verzeichnisse D und Dorfschaften unter B vor. Hier merke ich nur noch an, daß zu Füssenich ein Nonnenkloster Prämonstratenser, und zu Hoven ein der gleichen Cistercienser Ordens sei.

Amt Lechenich.

Dahin gehören

1. die Stadt Lechenich. Erzbischoff Heinrich von Virnenburg legte um 1330 ein Schloß daselbst an, und beschenkte den Ort mit Stadtgerechtigkeiten. Wallram von Jülich, dessen Nachfolger auf dem H. Stule, bevestigte denselben noch mehr und residirte, wahrend des Krieges mit seinem Bruder, Wilhelm von Jülich, daselbst. Im J. 1642 belagerten das vereinigte Französisch- und Hessen-Weimarische Heer das Schloß 6 Wochen lang vergebens, und fanden an demselben das non plus ultra ihres Siegszuges im Erzstifte. Izt liegt die erzstiftische Husaren-Kompagnie zur Besazzung, <90> auch ein Franciskaner-Kloster darinn. Die Gegend rundum ist flach, aber fruchtbar.

2. Die Herrlichkeiten Bliesheim, Erp, Friesheim, Gymnich, Hermülheim, Liblar, Nuddersheim, Strasfeld.

3. und 4. die adelichen Sizze und sonstige Dorf- und Ortschaften, unten in den Verzeichnissen B und D.

Amt Bruel.

Darinn kömmt vor

1. die Stadt Bruel. Sie hat vermuthlich ihren Nameu von Broilum oder Brolium, wie die Verschanzungen in sumpfigten Oertern, mittelst durch einander geflochtener Bäumen und Gesträuchen, hießen, deren sich die alten Teutschen bedienten, die Pferde ihrer räuberischen Nachbarn aufzuhalten, wenn diese ihnen unangenehme Besuche machten. Das erste, was wir von dieser Stadt zuverlaßig wissen, ist, daß Erzbischoff Engelbert von Falkenburg, nachdem er Köln hatte verlassen müssen, sich in den Jahren 1262-1263 daselbst aufgehalten, und von da aus mit den Aufrührern traktiret habe. Um den Streifereien dieser leztern Einhalt zu thun, legte Kurfürst Siegfried von Westerburg um 1284 ein Schloß daselbst an, welches vest genug war, den Kölnern und ihren zahlreichen Alliirten von 1317 bis in 1318 vier ganze Monate hindurch zu widerstehen. Endlich gieng <91> gieng es dann doch über,

und wurde dem Kurfürsten von Trier in Sequester gegeben. Im J. 1347 machte es Erzbischoff Wallram von Jülich noch vester. Im J. 1368 erhielt es nebst dem ganzen Amte Godfried Graf von Arnsberg, nachdem er seine Grafschaft an das Erzstift verkauft hatte, zur Leibzucht. Nachher versezte es Kurfürst Theodorich von Falkenburg nebst andern Städten, Zöllen und Schlossern an den Ritter Johann von Paland, welchem es der nachfolgende Erzbischoff Ruprecht nach einer dreimonatlichen Belagerung wieder abtrieb. Dieser hielt sich in der Zeit seiner Entzweiung mit dem Domkapitel daselbst auf, und erhielt freundschaftliche Briefe und Besuche von dem listigen Hermann von Hessen welcher, anstatt eine Wiederaussöhnung zwischen dem Herrn und dessen Unterthanen zu stiften {wozu er sich jenem erbothen und dargestellet hatte} diese zu bereden wußte, daß sie ihn gegen den treuherzigen Ruprecht, zum Schuzherrn annahmen; endlich den leztern, ohne es zu scheinen, zwang, ihm zu Gunsten das Erzbisthum zu resigniren. Auch nahm derselbe, nach seiner Gelangung auf den h. Stul, die Stadt Bruel ein, und pflanzte in die daselbst befindliche Juden Synagoge Franciskaner, welche noch izt ihre Kirche und ein Noviziat darinn haben. Kurfürst Gebhard von Mansfeld machte Bruel zu seiner Residenz und verschied daselbst am 2 Nov. 1562. Kurfürst Salentin von Isenburg ließ das dasige Schloß in bessern Stand sezzen, und resignirte auf dem allda versammelten Landtage am 13 Sept. 1577 <92> das Erzstift. Zu des Gebhard Truchseß's Zeiten hat Bruel traurige Schicksale erlebt, indem derselbe erst, was es kostbares hatte, wegnahm, und, weil er immer eine starke Besazzung darin hielt, den Herzog Friedrich von Sachsen-Lauenburg vermögte, es einzunehmen. Dies nämliche gelang am 4 Sept. des J. 1647 den vereinigten Heßisch- und Sachsen-Weimarischen Völkern, mit dem Unterschied, daß die Stadt diesmal rein ausgeplündert wurde. In diesem Schlosse ward dec berühmte Kardinal Mazarin, nachdem ihn Kurfürst Max Heinrich nach seiner Verweisung aus Frankreich ausgenommen hatte, nebst seinem Gefolge mehrere Monate bewirthet. Nach Maxens Tode erhielt Bruel eine französische Besazzung, und wurde, nach einer hartnäckigen Vertheidigung, von den Alliirten erobert, und das Schloß zerstört. Kurfürst Clemens August führte an des leztern Stelle den prächtigen Pallast auf, der noch izt steht. Er legte den ersten Stein dazu am 8 Jul. 1725, erlebte aber die Ausführung des kostbaren

Baues nicht ganz: diesen nun hat dessen Nachfolger Max Friedrich voll-bracht. In dem Thiergarten liegt das sehr niedlich gebauete sinesische Haus, sans chêne[23], und am Ende desselben das, auch recht schöne, zur Reigerbeiz bestimmte, Jagdschloß Falkenlust. Auch zu diesem legte Kurfürst Clemens August am 16 Jul. 1729 den ersten Stein. Die in dem daran stossenden kleinen Forste gelegene sogenannte Muschel-Kapelle verdient gesehen zu werden. Uebrigens ist das Städtchen nicht groß, hat aber <93> verschiedene hübsche Häuser, und wird im Sommer, we-gen seiner angenehmen Lage und schönen Gärten, von den Einwoh-nern des nachbarlichen Köln sehr häufig besucht. Auch pflegt der Kur-fürst einen Theil der schönen Jahrszeit daselbst zuzubringen. Sonst ver-lieret sich in dieser Gegend das, seines an genehmen und gesunden Bleicharts halberes bekannte Vorgebirg, welches bei Bonn den Rhein verlässt, und landeinwärts sich dahin zieht.

2. Herrlichkeiten in dem Amte Bruel sindt Berzdorf, Brauwei-ler, Glewel, Junkersdorf, Keldenich, Kendenich, Kenten, Königsdorf, Löwenich, Mauenheim, Merrheim, Müngersdorf, Niehl, Ossendorf, Quadrath, Roßberg, Schwadorf, Walberberg, Weilerswist.

3. Adeliche Sizze kommen unten in dein Verzeichnisse D vor.

4. Dorf- und sonstige Ortschaften aber in dem Verzeichnisse B.

Amt Köln und Deuz.

Darunter wird gerechnet

1. die Stadt Köln. Es muß niemand Wunder nehmen, daß ich diese Stadt hieher bringe: denn erst erkennen die Kurfürsten von Köln dieselbe noch gar nicht für eine Reichsstadt, sondern nennen sie überall ihre <94> Stadt; zweitens hat das Erzstift, ohne die geringste Widerrede, sehr ansehnliche und vorzügliche Hoheiten und Regalien darinn in nuzbarem Besizze: wiewohl freilich ein Theil davon auch der Stadt ver-pfändet, oder an andere verliehen sind; endlich ist daselbst der Siz des Metropolitan-Stiftes, als des ersten erzstiftischen Landstandes, und des

---

[23] „sans chêne" heisst „ohne Eiche". Richtig ist „sans-gene" = „ungeniert".

Kollegiums, welches aus seinem Mittel dem Lande allemal seinen Herrn wählet. Also

Köln liegt am linken Ufer des Rheines in einer Fläche, und hat die Figur eines Halbzirkels, dessen Sehne jener Strom ausmacht. Markus Vipsanius Agrippa legte, nachdem er die Ubier von dem andern Ufer des Rheines hieher verpflanzt hatte, dieselbe zuerst an; Agrippina aber, des Claudius Gemahlinn, welche in derselben zur Welt gekommen war, schickte eine römische Kolonie dahin. Daher erhielt das Oppidum Ubiorum in der Folge den Namen Colonia Claudia Augusta Agrippinensium. Sie war die Hauptstadt von Germania Secunda, oder dem untern Theile des rheinischen Galliens, welchem leztern bekanntlich August den Namen Germanien gegeben. – Im J. 462 nahmen die Franken Köln ein, und behaupteten es bis gegen 944-949; wo Otto der G. es ihnen wieder entriß. – Im J. 1187 wurden vom Erzbischoffe Philipp von Heinsberg neue und viel weitere Mauern um die Stadt gezogen, welche 83 Thürme, 13 grössere Thore, und 6,182 oder nach Gelons angeben 5,989 Schritte {jeden zu 5 Schuhen} <95> im Umfange haben sollen, und bis izt noch stehen. In der Geschichte des Mittelalters ist Köln berühmt: Wissenschaften, Künste, Handel und Gewerbe blüheten ausnehmend darinn, auch hatte dasselbe, als eine Quartierstadt, sehr vielen Antheil an dem Glücke der Hansa. Intoleranz und Unpolitik haben alles verdorben, und ausser dem Spedtions-Handel, welchen die Stappelgerechtigkeit an die Stadt zwinget, ist das übrige kaum nennenswerth. Selbst aus diesem Spedtions-Handel zieht Köln nur das Geringstmögliche. Der Holländer bringt seine Waaren in eignen Schiffen bis vor die Stadt; wo dann schon eine Menge Mainzer und andere oberländische Schiffer {d. i. solche welche zwischen den beiden Stappel-Städten wohnen} liegen, und auf Rückfracht aus jenen warten: Diese Oberländer nemlich kommen nicht leer herunter, sondern bringen für den Hollander teutsche Waare, worn sie dann wieder bis Köln die Fracht gewinnen. Freilich hat Köln auch seine eignen Schiffer, welche die Holländischen Waaren herauf, so wie die teutschen herunter fahren: auch giebt es in der Stadt noch einige nicht unwichtige Band-, Strumpf-, Tabak- u. dgl. Manufakturen und Fabriken; endlich auch verschiedene Häuser, die einen beträchtlichen Zwischenhandel treiben: allein was macht das im Ganzen aus, und was ist es gegen die verflossenen Zeiten? Im J. 1425 auf Bartholomäustag jagten die frommen Burger die Juden heraus, und verwandelten ihre Synagoge {welche ihnen im J. 1010 Erzbischoff <96> Heribert eingegeben hatte} in die noch heute stehende Rathskapelle. Was dieses für Einfluß auf die Handlung und Gewerbe der Stadt gehabt habe, ist mir nicht bekannt; so viel aber historisch erweislich, daß die Epoque des Verfalls der leztern, so wie des Aufkommens der benachbarten Oerter Mülheim, Crevelt etc. just mit der Verweisung der Protestanten sich anfange. Diese Verweisung geschah im J. 1618; und auf der Stelle wurden 1,400 Häuser leer. Pfaffen und Mönche verdarben durch Schleichhandel und Wucher vollends alles; und wer weiß nicht, wie sehr jene Herren noch izt ihre Accise und Burgerlastenfreiheit, zum Ruin des Kaufmanns und Kramers, mißbrauchen? Gegenwärtig werden die Protestanten, deren sehr wichtige da wohnen, geduldet: doch können sie das Burgerrecht nicht erlangen, sondern sind nur Beisaßen. Etwa 8,000 Häuser und in jedem nur Eine Familie; also {diese zu 5 Personen gerechnet} höchstens 40,000 Einwohner sollen {den venerabilem clerum doch ausgenommen} den Inbegrif der ganzen grossen Stadt ausmachen. Nun aber sind, wie man bei Gelegenheit der gegenwärtigen Mißhelligkeiten zwischen dem Magistrat und der Burgerschaft daselbst will herausgebracht haben, unter jenen 40,000 Einwohnern nur 6,000 Burger, das heißt: Leute, welche sich von der Handlung, einem Handwerke, den Interessen von ihren Kapitalien, oder von sonst einem bestimmten Einkommen nähren: Einen sehr grossen Theil der übrigen soll das Armuth oder Bettler im eigentlichsten Verstande <97> ausmachen. Hierüber klagt nicht nur der Burger in Köln {den ohnehin noch eine unnennbare Anzahl geistlicher Bettler aussauget} sondern die umliegende erzstiftische Landgegend, welche von diesen Leuten gleichfalls überschwemmet; und der Fremde, der, wenn er nicht ablanget, tüchtig ausgeschrieen wird. Nun muß man aber nicht denken, daß dieß aus Mangel öffentlicher Versorgungsanstalten für diese Leute herkomme. Denn Köln hat nicht nur ein Arbeitshaus, 16 Hospitäler, viele Konvente oder Oerter, wo Wittwen und unvermögliche alte Frauenspersonen ihre Wohnung und Unterhaltung finden; so wie andere ansehnliche Stiftungen zur Erziehung und Ausstattung der Jugend: sondern fast bei jeder Kollegial-, Kloster- und Pfarrkirche sind noch sogenannte Spenden, welches bestimmte, sowohl in Geld als Speise bestehende Allmosen sind, welche zu gewissen Tagen in der Woche ausgetheilt werden. Was in Testamenten auf diese Stiftungen vermacht wird, heißt in Köln auf das Brett gegeben {legatum ad tabulam}. Allein bekanntlich machen es dergleichen fromme Stiftungen nicht aus: und Allmosen sind zwar gut, aber das beste unter allen Allmosen bleibt doch immer – l'assurance du travail {wie Moheau es ausdrückt}: daß die aber überall in Köln fehlen müsse, ist aus den Prämissen leicht herzuleiten.

Ueber ein Viertheil der Stadt ist unbebauet, und bestehet theils aus Marktpläzzen {worunter der Neumarkt ein vortreflicher Spaziergang ist, und von <98> Björnstahl für einen der schönsten in Europa gehalten wurde} theils aus Weingärten; an welchen leztern wieder der venerabilis Clerus den grösten Antheil hat. Denn die einzige Karthus soll z. B. mit ihren Garten nicht weniger Raum als die benachbarte Stadt Mülheim einnehmen; und die Abtei zu St. Panthaleon aus denen ihr umliegenden Weingärten in guten Jahren schon 250 Ohm Wein gezogen haben. Im J. 1775 sollen überhaupt 6,000; im J. 1779 15,000; im J. 1782 aber gar 18,000 in Köln gewachsen sein. Der Wein ist durchgehends schlecht, und zum Verführen eben so untauglich, als zum Aufbewahren.

Um von dem mehrberührten Clero noch einiges anzuführen; so enthält Köln

2   Abteien;

49   Kapellen;

11   Kollegiat-Stifter {einschließlich der adelichen Fraueinstifter zu St. Ursula und St. Marien}

17   Mannsklöster, einschließlich der Teutschordens-Commenthurei zu St. Catharinen, und jener des Johanniter-Ordens zu St. Johann und Cordula;

39   Nonnenklöster und

19   Pfarrkirchen;

also daß man, alles {auch die sogenannten Quäsolen} eingerechnet, leicht eine Summe von 2,500 Geistlichen herausbringt.

Merkwürdigkeiten in dieser Stadt sind

1. die Domkirche, ein gothisches Gebäude, welches Erzbischoff Kunrad von Hochsteden im J. 1248 angefangen; und woran wenigstens im J. 1499 noch gebauet worden ist: welchem ungeachtet noch sehr viel <99> viel an der Vollendung des Baues fehlet.

2. Die Universität. Dieselbe wurde freilich erst im J. 1388 vom Magistrate angelegt, und vom Pabste Urban VI. mit den nemlichen Privilegien und Freiheiten, welche die Pariser hatte, versehen; allein, da schon im J. 1285 Erzbischoff Siegfried den Cistercienser Mönchen von Altenkamp erlaubte, die theologische Studia zu Köln zu treiben; auch bei Innocenz III. {lib. I, Epist.} schon Meldung von Magistris Coloniensibus vorkömmt; und endlich Cæsarius Heisterbacensis bereits um 1222 von Physicis Coloniensibus oder Medicinern redet: so ist klar, daß lange vor jener Zeit wenigstens ein Gymnasium daselbst müsse gewesen sein. Nun bestehet die Universität aus 4 Fakultäten: der theologischen, der juristischen, der medicinischen und jener der freien Künsten. Zur leztern gehören drei Gymnasien oder Bursen: die Montaner, Laurentianer und Dreigekrönte, welche ehemals die Jesuiten versahen. Die Vierte, die Cornelische oder Curanische genannt, ist bereits lange eingegangen.

3. Das Rathhaus, dessen Portal vortreflich gebauet ist, und von Kennern des Erhabenen in der Baukunst geschäzt wird.

4. Das sogenannte Korn- oder Zeughaus, welches merkwürdige Rüstungen und schönes Geschüz enthält.

5. Das Waisen- und Fündelhaus. Eine ansehnliche Stiftung.

6. Das sogenannte grosse Armenhaus, worinn doch niemand ohne Patronen soll hineinkommen können.

7. Das Zucht- und Arbeitshaus: ist nicht viel mehr als Namen.<100>

8. Die obangeführten 16 Hospitäler: Die Revenüen sollen auch nicht überall nach der Absicht der frommen Stifter verwendet werden. So wenigstens spricht das Volk in Köln.

9. Die vielen theils a) kurfürstliche Gerichter als: das Untergericht Airsbach; das Dilles-Gericht, oder auf der Dillen; das erbvogteiliche Gericht St. Gereon und Eigelstein; das erbvogteiliche Hagd-Gericht; das fiskalische geistliche Gericht; das geistliche Hof-Gericht oder Officialar; das weltliche Hof- oder Ober-Appellations-Gericht; das

hohe weltliche Gericht {von demselben ist anzumerken, daß es, rücksichtlich auf die Stadt genommen, von allen das vornehmste sei, die höhere Criminal-Jurisdiktion namens des Kurfürsten ausübe, und aus einem Greven oder Gerichtspräsidenten und 10 Schöppen bestehe, welche alle in der Stadt gebohren sein müssen, und in gerichtlichen Anschreiben noch bis diese Stunde den Titel Junker beibehalten. Ein merkwürdiges Ueberbleibsel aus der alten Zeit, wo ohne adeliche Qualität niemand zu den Schöppenstülen zugelassen wurde.} Das Niedericher Gericht; das Unterlahn-Gericht; und endlich das Weierstrasser-Gericht: theils

b} stadtkölnische Gerichter, als: das Amts-Gericht: Appellations-Gericht; Bürgermeister-Gericht; Fiskalisches-Gericht; Gewalt-Gericht {welches die niedere Criminal-Jurisdiktion ausübet}; Pferds-Gericht; Raths-Gericht; Syndikat; Tuchhallen-Gericht; Weinschulen Gericht.

10. Das erzbischöffliche Seminarium.

11. Ein Altarblatt <101> in St. Peters Pfarrkirche, die verkehrte Kreuzigung Petri vorstellend von P. P. Rubens, der in jener Pfarre gebohren worden, und das Stück der Kirche verehret, auch davon versichert hat, daß er einen besondern Fleiß daran gewandt, dergestalt, daß es eines seiner besten Stükke worden ist.

Von den sechs Bürgermeistern dieser Stadt sind immer zween regierend. Der ordentliche Rath bestehet aus 49 Männern, welche auf den Gaffeln vom Volke gewählet werden, ausser 7, welche der Rath auf Johannis [=24. Juni], und 6, welche er um Weihnachten [=25. Dezember]aus dem Volke wählet. An jenen beiden Festen nemlich gehet die eine Hälfte des Rathes ab, und die andere wieder an. Der sogenannte Bannerrath bestehet aus den Tribunis der 22 Zünften oder Gaffeln; hält alle Vierteljahre eine Zusammenkunft und inspicirt die Verwaltung des ordentlichen Rathes. Die ganze Stadt ist in 8 Quartiere oder sogenannte Colonellschaften eingetheilt, deren jede ihren Colonell, Colonellieutenant, Obristwachtmeister, Hauptleute, Befehlshaber über kleinere Korpora, und Fähndriche hat. Die Garnison bestehet aus 3 Kompagnien Stadtsoldaten, welche ein Obrist Lieutenant kommandirt. Zu Nacht halten die Burger an den Thoren Wache. Die Stadt schwöret dem neuerwählten Erzbischoffe treu und hold zu sein, so lang er sie „helt in rechte und ehren bei ihrer guter alter gewonde, die sie und ihre Vorfahren herbracht haben" etc. <102> wonach er ihre wohlhergebrachte und verliehene kaiserliche, königliche, päbstliche und erzbischöffliche Freiheiten und Rechte bestätiget. Die Einkünfte der Stadt bestehen fast einzig in der Accise, indem sie ausserhalb ihrer Mauern gar kein Territorium hat.

Uebrigens hat Köln als eine freie Reichsstadt, sowohl auf den niederrheinisch-westfälischen Kreistagen, als auf dem Reichstage, in dem reichsstädtischen Collegio Siz und Stimme, und auf der rheinischen Bank den ersten Plaz, welchen ihm Achen ungern einräumet. In der Reichsmatrikul ist diese Stadt auf 25 zu Roß und 200 zu Fuß oder 1,100 Flor[inen] angesezt; sie hat aber um Verminderung dieses Anschlages angehalten; und in der Lothringischen Eintheilung stehen auch nur 825 fl. Zu einem Kammerzieler giebt sie 405 Rthlr. 72 ½ kr.

Endlich ist noch hier anzumerken, daß der, zu den Kur- und sonstigen Höfen des Rheinstromes akkreditirte päbstliche Nuntius in Köln residire.

2. Deuz, Duiz, {Tuitium} ein kurkölnischer Flecken und Freiheit, liegt gerade der Stadt Köln gegenüber, an dem andern Ufer des Rheines; und hat der Kurfürst zwischen diesen beiden Orten eine fliegende Brücke, welche, wie die zu Bonn, mehrer Betheiligten zu verschiedenen Lehen verliehen ist, die auch an beiden Orten ihren besondern Lehnhof {curia feudalis} haben. Kaiser Constantin hat <103> hier im J. 308 ein Kastel angelegt und dasselbe mittelst einer steinern Brücke mit denen bei Köln {und zwar an der Stelle wo es izt Unter Kästern – von castra – heißt} angelegten gleichmäßigen Castellen verbunden. Jenes Castel ist das in Urkunden vorkommende Divitense Monumentum, und wurde nebst der Brücke unter Kaiser Otto I. und dem Erzbischoffe Bruno im J. 957 oder 964 zu Grunde gerichtet, welcher leztere aus den Ruinen den Panthaleoniter-Mönchen eine neue Kirche gebauet hat. An der Salzpforte zu Köln können bei kleinem Wasser im Rheine noch Ueberbleibsel davon entdeckt werden. Erzbischoff Heinrich nahm das später wieder erbaute Schloß im J. 1230 dem Grafen von Berg hinweg

und machte es dem Boden gleich. Im J. 1376 haben die Kölner den Ort samt der Abtei und Pfarrkirche verbrannt und verwüstet. Kurfürst Ferdinand legte im J. 1632 eine neue Festung daselbst an, woran ihm die Stadt Köln treulich geholfen, als welche sich davon gegen den heranziehenden schwedischen General Baudißin, der sich vorgenommen hatte, die Pfaffenstrasse {den Niederrhein} zu fegen, viel Nuzzen versprach. Baudißin überrumpelte kurz darauf die Werker wirklich, zog aber nach einigen Tagen wieder ab gegen Mülheim. Im J. 1642 wurden die in den vorigen Jahren niedergerissenen Werker wieder in Stand gesezt. Im J. 1673 bemächtigten sich die Kaiserlichen des Orts und in der Folge sind die Werker geschleift worden. – Die angeführte daselbst befindliche Abtei <104> Benediktiner Ordens stiftete im J. 1001 Erzbischoff Heribert und weihete die Kirche im J. 1019 der Mutter Gottes ein, wo er dann über die zur Stiftung hergegebenen Besizzungen offene Briefe ertheilte. Erzbischoff Hermann der Edle vermachte im J. 1041 seine in der Mark gelegenen Erbgüter dieser Abtei. Erzbischoff Hermann von Hessen aber reformirte dieselbe im J. 1491. Der Abt schreibt sich einen Herrn zu Behn, Lehrsling, Pilkum, Eschweiler, Langel, samt angehörigen Orren, der Stadt Unna und im Amte Hamm Archidiaconus etc. – Es wohnen hier viele Juden, welche sich meistens aus dem gegenüber liegenden Köln nach ihrer gewohnlichen Art nähren.

3. Herrlichkeiten kommen in diesem Amte gar nicht vor, sowie

4. keine adelichen Sizze.

5. Uebrige Dorf- und Ortschaften theilen sich theils unter die Erbvogtei, theils unter Deuz, und kommen unten im Verzeichnisse B vor.

Amt Hulchradt.

Dasselbe begreift:

1. Das Schloß und Dorf Hulchradt {Hülkenrade}, der Hauptort einer ehemaligen Grafschaft {comitatus Heliorodensis} welche lange Jahre hindurch den Grafen von Kleve verpfändet gewesen, endlich im J. 1323 vom Erzbischoffe <105> Heinrich, mittelst einer beträchtlichen Summe Geldes, zu deren Beischaffung er seine Geistlichkeit zwang,

von Theodorich von Kleve wieder eingelöset worden ist. – Im J. 1642 nahmen es nach fünftägigem Beschiessen die weimarisch-heßischen, kurz darauf aber die kaiserlich-bairischen Völker ein.

2. Herrlichkeiten in diesem Amte sind: Bedbur[g], Erbrath, Fliesteden, Hachenbroich, Helfenstein, Wevelinghoven, Woringen.

3. Adeliche Sizze und

4. Dorf- und andere Ortschaften, siehe unten in den Verzeichnissen D und B.

5. Der Nachbarschaft halber, wiewohl sie das Verzeichniß B unter die Erbvogtei sezzet, bringe ich noch hieher

A. Neuß, eine erzstiftische Haupt- und Direktorial-Stadt, auch Nuyß, Nussia, Novesium oder Nivesium genannt. Noch zu den Zeiten des Erzbischoffs Cunrad von Hochsteden lag dieselbe dicht beim Rheine, wie sich dann eine Urkunde vom 31 Jan. 1254 findet, worinn jener den Burgern erlaubt

> Castellum in oppido Nussiensi super Rheno – ab ipso – constructum demoliri et destruere penitus ... Illam quoque insulam iuxta ipsorum oppidum inter Rheni & Arnepe flumen <106> sitam, de qua certi causa periculi timebatur, eo videlicet, quod ipsa insula per arenas aquarum inundantium se protendens, & magis ac magis pro tempore se dilatans oppido ipsi, posset auferre & subducere flumen Rheni pro ipsorum possibilitate delere etc.

Jezt liegt diese Stadt eine halbe Stunde vom Rheine entfernt, ohne daß sich angeben ließ, zu welcher Zeit eigentlich dieser Strom seinen Weg um so ein merkliches verändert habe. Auch diese Stadt hat sicher ihren Ursprung von einem ehemaligen römischen Lager herzuleiten; auch soll eines der 50 Schlösser des Drusus daselbst gestanden, und zur Zeit des Claudius Civilis die dreizehnte {nach andern die vierzehnte} Legion ihre Winterquartiere hier gehabt haben. Daß es nach dem, besonders von der Hälfte des IV. Jahrhunderts an, wechselsweise zerstöret und wieder erbauet worden {z. B. im J. 358 unter Kaiser Julian; im J. 368 unter Kaiser Valentinian etc.} ist theils bekannt, theils sehr wahrscheinlich, indem die jenseitigen Teutschen und Franken keine Gelegenheit über den Rhein zu sezzen, und alsdann zu sengen und zu brennen vorbeiliessen; und übrigens Neuß und dessen Gegend ein vorzüglich schlimmes vis-a-vis an dem Theile jener Nationen, welcher sich die Attuarier nannte, hatte. Im J. 1205 nahm K. Philipp, welchen der kölnische Erzbischoff Adolph gegen Otto zu Achen gekrönet, und sich dadurch den Kirchenbann und den Verlust des Erzstifts zugezogen hatte, Neuß ein, und gab es, seinem entsezten Gönner einstweilen zur Schadloshaltung. <107>

Im J. 1254 trat diese Stadt der Verbindung der Hanseestädten bei. – Im J. 1297 war eine Zusammenkunft des Adels daselbst, welcher sich Wichbolden von Holte zum Erzbischoffe ausersah, der auch sofort vom Kaiser bestätiget wurde. – Im J. 1475 wurde dieselbe von Karl von Burgund heftig belagert; hielt aber bei neun Monate aus, da Kaiser Friedrich III. zum Entsazze kam. Hierdurch verdiente sie sich, zu den ansehnlichen Privilegien, welche sie schon hatte, noch sehr viele andere, worunter die namhaftesten sind: das Münzrecht; das Jagdrecht; die peinliche Gerichtsbarkeit {welche der Landesherr ihr aber ganz und gar nicht gestattet}; die Freiheit, sich keinem auswärtigen Richter zu stellen; Item fünf Jahrmärkte zu halten; die Zollfreiheit im Erzstifte; und einen goldnen Adler im schwarzen Felde zum Wappen etc. – Im J. 1584 wurde Neuß vom Grafen von Nuenar für den entsezten Erzbischoff Gebhard Truchses eingenommen, und von den Holländern geplündert; im J. 1586 aber von dem Herzoge von Parma wieder erobert und in Brand gesteckt. – Im J. 1642 bemächtigten sich die verbündeten Franzosen und Hessen der Stadt, und machten sie vester. – Im J. 1688 legten sich die Franzosen darein, welchen im folgenden Jahre 1689 die Brandenburger es wieder entrissen.

In dieser Stadt ist

a) eines der erzstiftischen Officialate.

b) Ein freiadelich weltliches Stift zu dem h. Quirin, mit 15 Pfründen für ritterbürtige <108> Fräulein, und sieben dergleichen für Chor-Herren,

    b) Eine Regulair-Kanonie Augustiner-Ordens, Marienburg genannt, welche Erzbischoff von Sarwerden, nachdem derselben Hauswesen ziemlich verfallen war, wieder herzustellen sich bemühete.

    c) Ein Alexianer-Brüder- und ein Franciskaner-Kloster.

d) Zwei Nonnenklöster.

e) Ein Gymnasium, welches weiland die Jesuiten versahen, und ziemlich stark besucht wird. – Auf dem Markte stehet die Statue Kaisers Friedrichs III. in Erz.

B. Zons, Somtinum; in Urkunden Friedstrom und Fridistraun genannt, ein Städtchen am Rheine, welches im J. 1291 Erzbischoff Siegfried mit einem Schlosse und Mauern bevestigt hat, um sich gegen seine, mit Köln verbundene feindliche Nachbarn, gegen welche kein Anathema helfen wollte, zu schüzzen. Im J. 1620 am 16 März brannte der Ort bis auf 5 Häuser ab. Im J. 1645 und 1646 mußte er eine Belagerung von den Franzosen und Hessen ausstehen; wurde aber glücklich entsezt. Es wird hier ein Rheinzoll erlegt. Lange war derselbe mit samt der Stadt, dem Schlosse, der Präfektur und allen Pertinentien dem Domkapitel zu Köln, {weil es in betrübten Zeiten dem Erzstifte möglichst beigestanden, auch sich für gewisse jährlich zu zahlende Pensionen als Hauptschuldner dargestellet, und unter der Regierung der Erzbischöffe Theodorich und Ruprecht beträchtlichen Verlust an seinen Gütern erlitten hat} verpfändet: allein, seitdem <109> dieses Kapitel im J. 1561 neuerdings eine jährlich zu erlegende Summe von 1,567 Gulden auf sich genommen, sind jene Pfandstükke demselben vollkommen abgetreten und eigenthümlich übertragen worden. In der Kapitulation des Kurfürsten Max Heinrichs wird gesagt, daß der jährliche Ertrag jenes Zolles schon eine Zeit her nicht mehr an die Summe von 4,985 Goldgülden {floreni aurei} als für welche Summe das Kapitel jährlich darauf angewiesen war, gestiegen sei. Es ist sonst noch ein Franziskanerkloster in Zons.

Was der Name dieses Orts betrift, so leiten denselben einige von dem Worte Sunicus her, welches die alte Benennung der Hunnen soll gewesen sein. Gelenius[24] widerspricht diesem, und, wiewohl er einigen andern benachbarten Orten jenen Ursprung zugiebt, z. B. Sunsteden, Sundorf etc., so zieht er doch hier die Meinung derjenigen vor, welche den Namen Zons von den teutschen Wörtern Zo-ons {zu uns} ableiten, weil nämlich der ganze Strich Landes von Woringen {das

---

[24] (Gelenius 1645).

alte Buruncum} und Dormagen, {welche beide Oerter ehemals dicht am Rheine lagen} bis auf das dermalige Ufer dieses Flusses, durch Anschwemmung und Weidenpflanzungen dem Flusse abgewonnen worden sei.

Noch kommen in diesem Amte vor andern zu bemerken

a) Lebber oder Bedbur[g] ein Städtchen und Schloß an der Erfft, den Grafen von Salm-Reifferscheid zugehörig, woselbst ein Augustiner-Kloster <110>

b) Brauweiler, eine Abtei Benediktiner-Ordens, welche Ezzo, Pfalzgraf und Vater des Erzbischoffs Hermanns II. gestiftet, und Erzbischoff Pilligrim im J. 1028 eingeweihet hat.

c) Frauweiler, ein Kloster.

d) Gnadenthal, vormals ein Mönchskloster Bernardiner-Ordens, im J. 1216 von Lothar Grafen von Hochsteden gestiftet, und von Erzbischoff Engelbert konfirmirt; endlich in folgenden Zeiten in ein Frauenkloster Cistercienser-Ordens verwandelt.

e) Die Füllinger-Heide nahe bei dem Flecken Woringen. Daselbst ist im J. 1288 jene berüchtigte Schlacht vorgefallen, worinn Erzbischoff Siegfried von dem Grafen von Berg gefangen genommen worden ist. Dieser Erzbischoff hatte im J. 1284 zu Woringen ein Schloß angelegt, oder vester gemacht, welches bei dieser Gelegenheit verwüstet worden ist.

e) Knechtsteden, eine Abtei Prämonstratenser-Ordens.

f) Langwaden, ein Nonnenkloster des nämlichen Ordens.

g) Mehr, ein adeliches Frauenkloster des nämlichen Ordens, von Hildegund, Grafinn von Mehr oder Maar, im J. 1166 gestiftet, und vom Erzbischoffe Reinald von Dastelle konfirmirt und in Schuz genommen. Auch soll dasselbe dec Hauptort der ehemaligen Grafschaft seines Namens {comitatus Mersensis} gewesen sein, welche jener Erzbischoff von der genannten Gräfinn und ihren Kindern zum Geschenke erhalten hat. Weil der Ort ohnweit Neuß liegt; so habe ich ihn lieber hie her <111> gebracht, als in das Amt Lynn und Urdingen, wo ihn das Verzeichniß B nennet.

Amt Liedberg.

Darinn kommen vor

1. die Herrlichkeiten Horst und Odenkirchen. Von lezterer ist zu bemerken, daß dieselbe dermalen zu den kurfürstlichen Kammeral-Gütern gehörig, und ausser dem Amte Rheinberg fast der einzige Plaz im Erzstifte sei, wo eingesessene Protestanten geduldet werden. Sie haben in Odenkirchen selbst eine Kirche. Auch ist eine schöne Papier-Fabrik allda. Unter diese Herrlichkeit theilen sich drei Rittersizze.

2. Adeliche Sizze des Amtes, siehe unten in dem Verzeichnisse D.

3. Sonstige Dorf- und Ortschaften in dem Verzeichnisse B. Nur gehöret Kaiserswerth cum annexis nicht mehr zum Erzstifte.

Amt Kempen.

Dasselbe enthält

1. Kempen, eine Stadt nebst einem Schlosse an der Gränze des Jülicher- und Gelder-Landes. Erzbischoff Heinrich von Virnenburg umgab den Ort im J. 1308 mit Mauern, schenkte ihm Stadtfreiheiten, und darunter besonders die zween freie Jahrmärkte zu halten. Der Ackerbau und die Viehzucht blühen hier und in der <112> umliegenden fruchtbaren Gegend mehr als irgend anders im Erzstifte, wie dann besonders die Kempener Butter einen besondern Ruhm der Güte hat, und einen wichtigen Gegenstand des Handels der dasigen Landbewohner ausmacht. Auch sind verschiedene Linnen-Manufakturen daselbst, welchen der zum Flachsbau sehr taugliche Boden und die schönen Bleichen zustatten kommen. Im J. 1642 wurde die Stadt von den Franzosen und Weimarischen; im J. 1678 wieder von den Franzosen, und zwar mit Sturm erobert. Uebrigens ist hier der Geburtsort des berühmten Thomas von Kempen; des kölnischen Geschichtschreibers Gelenius und anderer in der Litterargeschichte nicht unbekannter Männer. Auch ist ein Gymnasium, nebst drei Klöstern, da.

2. Die Flecken Oedt, auch Oude, Ouda, oder Oyde in alten Urkunden genannt, an der Niers gelegen. Erzbischoff Walram kaufte denselben, nebst seinem ehemaligen vesten Schlosse und der Avocatia in Kempen etc. im J. 1349 von Walramen, Marggrafen von Jülich.

3. Die Herrlichkeiten Anrath, Hüls, Neersen und Zoppenbroch. Der Flecken Hüls hat zwei Nonnenklöster. Der nördliche Theil desselben heißt die Mœurssche Straße, und gehöret zu der Grafschaft Mœurs. – Die Herrlichkeit Neersen ist nach Abgang der männlichen Linie der Grafen von Virmont, welchen sie ehedem zugehörte, <113> und nach einem langen Rechtsstreit an das Erzstift gekommen und zu den Kameral-Gütern gezogen worden.

4. Adeliche Sizze und

5. Sonstige Dorf- und Ortschaften siehe unten in den Verzeichnissen D und B.

Amt Lynn und Urdingen.

Begreift

1. Lynn, ein Landstädtchen, eine halbe Stunde vom Rheine gelegen. Dasselbe beschenkte mit einem vesten Schloß und Bürgerrechten im J. 1330 Erzbischoff Heinrich von Virneburg. In alten Zeiten gehörte es unter die Besizthümer des Grafen von Cleve. Erzbischoff Friedrich von Saarwerden erhielt es gegenAbtretung der benachbarten Ortschaften Rees und Aspelen {welche nebst Calcar im J. 1071 Erzbischoff Anno von Irmgardis Gräfinn von Zutphen im Testament erhalten hatte} und gegen Erlegung einer Summe von einigen hunderttausend Gulden, wovon er einen Theil gleich baar abgab, für den Rest aber die Hälfte der Stadt Xanten verpfändete. Und von dieser Zeit an ist es immer am Erzstifte geblieben. Die Gegend herum ist waldicht, und diente ehemals den Landesherren oft zu Jagd-Lustbarkeiten. Im J. 1642 eroberten den Ort die Weimarischen. <114> Uerdinge, eine erzstiftische Munizipalstadt dicht am linken Ufer des Rheines gelegen, wurde im J. 1330 vom Erzbischoffe Heinrich von Virnenburg, so wie Linz mit Mauern

umgeben, und in der Reihe der Städte [...][25] Der Name Urdingen oder Ordingen soll von dem römischen Feldherrn Hordeonius Flaccus herkommen, welcher eben damals am Oberrehine kommandirte, als der edle Claudius Civilis, nachdem er seine Batavier frei gemacht hatte, den Rhein heraufkam und seine Schritte mit Sieg zeichnete. Was damals, besonders in dieser gegend vorgefallen, ist geschichtskundig und da hat es freilich geschehen können, daß, an der Stelle, wo izt Urdingen steht, Hordeonius ein Lager aufgeschlagen habe, um seinem Feinde das weitere Eindringen zu erschweren. Doch läßt sich hierüber gar nichts versichern. Im J. 1641 wurde der Ort von den Hessen fruchtlos belagert; brannte darauf bis zur Hälfte ab, und fiel im folgenden Jahre den Franzosen in die Hände. Von dieser Zeit an hat er sich treflich erholet: wozu die Handlung, welche hier mehr als in irgend einer Stadt des Erzstiftes blühet, viel beigetragen hat. Es liegen immer eine Menge holländischer Schiffe daselbst vor Anker, und der viele Verkehr mit dieser Nation hat allmählich batavische Emsigkeit, Lebensart, und sogar den batavischen Geschmack in der Art ihre Häuser zu bauen und ihre Gärten anzulegen {denn der leztern giebt es um die Stadt überall sehr viele und sehr schöne} unter die Urdinger gebracht. Es wird hieselbst ein Rheinzoll, und seitdem <115> Kaiserswerth an Kurpfalz abgetreten ist, der kurkölnische, ehemals zu Rheinberg, nachmals verschiedentlich bald zu Deuz, bald zu Köln, bald zu Neuß, bald in jenem Kaiserswerth gelegene Licent erhoben. Der Rhein schlägt izt dicht an die Mauern der Stadt, von welchen er doch ehemals über dreihundert Schritte weit entfernt gewesen.

3. Nierst ist die einzige Herrlichkeit in diesem Amte.

4. Adeliche Sizze und

5. Sonstige Dorf- und Ortschaften kommen unten in den Verzeichnissen D und B vor.

Unter leztern ist Gelb merkwürdig, weil es das alte Castellum Gelduba sein soll, wovon Plinius und Florus reden.

---

[25] Im folgenden sind einige Worte der Vorlage nicht eindeutig lesbar.

Amt Rheinberg.

Darinn kommt vor

1. Die Stadt Rheinberg, {Rhenoberka} auch Berg oder Berk genannt. Sie ist die lezte und Gränzstadt des Nied(d)erstiftes, und war in
vorigen Zeiten sehr bevestigt. Im J. 1583 den 13 März bemächtigte sich
desselben im Namen des Kurfürsten Gebhard Truchses Graf Adolph
von Nuenar, worauf sie holländische Besazzung erhielt. Schon damals
existirte der <116> kurkölnische Licent neben einem Rheinzolle daselbst. Im J. 1589 den 24 Jan. verschrieb Kurfürst Ernst diese Zoll-Licent-
und Kellnerei-Gefälle an den Grafen Peter von Mansfeld zum Pfande,
welcher leztere auch am 3 Febr. des J. 1590 die Stadt mittelst Kapitulation für gedachten Kurfürst Ernst einnahm. Von dieser Zeit an blieb
spanische Besatzung darin, welche aber nicht verhindern konnte, daß
Graf Moriz von Nassau im J. 1597 die Stadt nicht wieder einnahm. Doch
blieb sie in den Händen des leztern nicht länger, als bis den 14 Oktob.
des folgenden Jahres, wo die Spanier nach einer fünftägigen Belagerung aufs neue Meister davon wurden. Die Holländer fiengen am 10
Jun. 1601 wieder eine Belagerung an, und hielten Rheinberg vom 30 Jul.
d. J., an welchem Tage es nemlich übergieng, bis ins J. 1606 in ihrer Gewalt. Am 22 Aug. des nämlichen J. belagerten die Spanier unter dem
Comte de Buquoi; hernach unter dem Marquis de Spinola die Stadt von
neuem; bekamen sie am 1 Oktob. durch Akkord in Besiz; und hielten
sie sodann bis ins J. 1633, da sie ihnen am 2 Jun. der Prinz von Oranien
wieder entriß. Von dieser Zeit an blieb bis ins J. 1672 immer holländische Besazzung darin: denn als nach geschlossenem westphälischeu
Frieden der Kurfürst die Räumung der Stadt begehrte; fiengen die Ge-
neral-Staaten an, ein Recht der Besazzung hier für sich zu behaupten,
weil ihnen dieselbe von Kurfürst Gebhard ehedem eingeraumet und
von ihnen mit Kosten bevestiget sei. Die Franzosen räumten <117> sie
endlich am 6 Junius des gedachten Jahres, und gaben Rheinberg an
Kurköln zurück. Im J. 1689 mußte es eine Belagerung von der Reichs-
armee aushalten; Im J. 1703 aber den 9 Febr. sich nach einem sehr hart-
näckigten Widerstande an den preußischen General Grafen von
Lottum ergeben, und sich darauf seiner Vestungswerker berauben

lassen. Während jenen unruhigen Zeiten wurde der Licent von Rheinberg bald zu Kaiserswerth; bald, nachdem auch leztere Stadt den Feinden in die Hande fiel, zu Deuz; bald zu Neuß, bald zu Köln erhoben. Gegen den Ausgang des vorigen Jahrhunderts endlich wich der Rhein, der schon in vorigen Zeiten bisweilen ausserordentlich in diesen Gegenden ausgetrocknet war, ganz von Rheinberg ab, und änderte seinen Lauf dergestalt, daß leztere seitdem eine Stunde weit davon entfernt lieget. Aus diesem Grunde mußte selbst der, eigentlich auf Rheinberg haftende Zoll, nach Kaiserswerth verlegt; mithin hier, nebst dem Licent ein doppelter Zoll erhoben werden. Lezterer kam schon früher; der Licent aber erst, seitdem Kaiserswerth mit seinem angehörigen Zolle von Kurpfalz eingelöset worden, im J. 1762 nach Urdingen. Von dem Ertrage dieses Licents in ältern Zeiten wissen wir nur, daß derselbe im Jahre 1673 gewesen sei:

im März	Licentgeld[26]	1,587 Thlr.[26]	17 stbr. <118>
	Stadtgeld[27]	105 Thlr.	22 stbr.
	Billetgeld[28]	24 Thlr.	
im April	Licentgeld	2,081 Thlr.	24 stbr.
	Stadtgeld	138 Thlr.	17 stbr.
	Billetgeld	27. Thlr.	14 stbr.
im Mai	Licentgeld	1,179 Thlr.	7 stbr.
	Stadtgeld	114 Thlr.	17 stbr.
	Billetgeld	25 Thlr.	2 stbr.

Rechnen wir nun, wie sehr sich von jener Zeit an, blos die Konsumtion deren, über Holland den Rhein hinauf kommender Waaren des Luxus, z. B. Kaffee, Zucker, Tabak etc. vermehret habe, so läßt sich errathen, daß jener Ertrag in unsern Zeiten ungleich wichtiger sein müsse ... Sonst hat die Stadt eine reformirte Kirche.

---

[26] »Nämlich Licentthaler, jeden zu 30 stbr. gerechnet.«

[27] »Heißt das Geld, welches zur Unterhaltung der Ufer, Thoren, Brücken u. dgl. erfodert wird. Dasselbe bestand hier in 2 stbr. von jedem Licentthaler.«

[28] »Ist das Geld, welches auf die Unterhaltung der Garnison gehet, dergleichen eine in der Stadt, wo der Licent erhoben wird, nöthig ist.«

2. Die Herrlichkeiten Alpen und Kamp. Jene gehöret den Herrn Grafen von Bentheim-Steinfurt, und hat ein Städtchen gleiches Namens mit einem Schlosse und einer reformirten Kirche. – Die reiche Cistercienser Abtei Camp oder Altencamp besizzet die andere. Der Abt schreibt sich: Primas in Teutschland, und Herr der Herrschaften Camp und Strommert {oder Stroh- Mœurs, in der Grafschaft Mœurs gelegen}. <119> Bei diesem Kloster fiel im J. 1760 ein Gefecht zwischen den französischen und alliirten Truppen, zum Vortheile der erstern, vor.

3. Adeliche Sizze und

4. Sonstige Dorf- und Ortschaften, siehe unten in den Verzeichnissen D und B.

Issum ist ein ansehnliches Dorf, welches eine katholische und reformirte Kirche hat, und der Siz der ehemaligen Grafen von Issum war.

Das ganze Amt ist von dem übrigen Erzstifte gleichfalls abgeschnitten, und wird von der Grafschaft Mœurs, fort von dem Gelder- und Clever-Lande überall umgeben. <121>

Beilagen.

A. Eintheilung des Erzstifts Köln in Archidiakonate und Diakonate oder Christianitäten.

Die Archidiakonen sind später in der kölnischen, als in andern Kirchen angesezt worden. Wenigstens läßt sich erweisen, daß man in der Mitte des XI. Jahrhunderts darinn noch nichts von ihnen wußte, und sogar erst im Anfange des XII. kaum einige Nachricht in Urkunden von ihnen finde. Erst wurden die vier Probsteien des Domstiftes zu Köln, und der Collegiaten zu Bonn, Xanten und Soest dazu ausersehen, welche auch durch eigene, in diesen Oertern angesezte, Officialen die Gerichtsbarkeit über geringere Kirchensachen ausübten, und, je welches Viertheil des Erzstiftes einem jede zugefallen war, in demselben Visitationen hielten.

Erst in der Folge kam der Dechant jenes Domstiftes, als der fünfte Archidiakon hinzu, welcher, da er den Neusser und Düsseldorfer Distrikt erhielt, seinen Official in Neuß ansezte. Dem Dechant zu St. Marien ad Gradus in Köln fiel nachher noch der Dortmunder <124> Distrikt, und einigen Aebten, welche andere kleine Ortschaften mit einer gewissen Gerichtsbarkeit tu.

Diese Archidiakonate nun sind in Dekanate der Christianitäten, und diese wieder in Kammern eingetheilt. Welche den Dekanaten oder Christianitäten vorstehen, werden Erzpriester oder Landdechante genannt, und haben an den Vorstehern der Kammern oder Kamerarien gleichsam ihre Gehülfen.

Kamerarius heißt auch nur derjenige, welcher den 19 Pfarr-Distrikten der Kirchsprengeln in der Stadt Köln, oder der sogenannten Christianitas urbana vorstehet. Die Pfarrer dieser 19 Sprengel gehen an Rang auf den Diöcesan-Synoden und sonst allen Landdechanten vor, und nennen sich in Schreiben an den Erzbischoffen, gleich den Domherrn und Häuptern der Kirchen, Sacellani, da der ganze übrige Clerus sich Unterthan unterschreibet. Die vier erstern darunter, nämlich die zu St. Kolumba, zu klein St. Martin, zu St. Laurenz und zu St. Alban,

oder die vier sogenannten summi pœnitentiarii, haben noch das besondere Privilegium, daß sie, gleich den Domherren, am Hochaltar des
Doms celebriren dörfen.

Auf der, im Jahre 1551 {und also eben noch vor der Zeit, als
durch die Reformation, und durch Erhebung der Kirche von Utrecht
einem Erzbisthume einige Christianitäten theils ganz eingiengen, theils
von Köln getrennt wurden, theils endlich ihre Namen änderten} in
Köln gehaltener Synode werden die Namen der Christianitäten folgendermassen hergezählet:

> Deinde recitata fuerunt nomina & adnotari præsen-
> tes. Decani rurales seu Christianitatum videlicet Ar-
> cuensis sive Bonnensis, Tulpetensis, Eifflicensis,
> <125> Silbergensis, Juliacensis, Berchemensis, Geld-
> rensis, Noviomagensis seu Zefflicensis, Suchtelensis,
> Wattenscheidensis, Sandensis, Tremoniensis[29], Tui-
> tensis, Ludenscheidensis, Wormbachensis, Assindi-
> ensis.

Nachher werden in dem Verzeichnisse der abwesenden De-
chante zween hinzugesezzet folgendermassen:

> Juliacensis, Wattenscheidensis, Sandensis, Tremoni-
> ensis, Attendoriensis, Dusburgensis & Worm-
> bachensis,

mit dem Anhange

> Wilhelmi Juliæ, Montium & Cliviæ ducis & Marchiæ
> comitis metu & litteris quosdam Decanos ditionum
> eius deterritos absentiam excusasse.

Die Decreta von Heinrich vom Jahre 1356 sprechen im 7ten Sta-
tut noch von zwo andern Christianitäten mit folgenden Worten:

> Monemus omnes & singulos iurisdictionem habentes
> & non habentes, specialiter Tremoniensem, in Wit-
> tene, in Hagene & in Essende Christianitatum Deca-
> nos

---

[29] = Dortmund.

Anderwärts kommen neben den angeführten noch vor: die Attenscheider, Geseker und Halverer, item die Iserloer Christianitäten. Die leztere heißt izt die Attendorer. Wattenscheid aber liegt bei Altena in der Mark, so wie Lundscheit, vor Halver bei Rhad am Walde und den Gränzen des Bergischen Gebiets: Eben so liegen Witten jenseit sder Rur, und Hagen diesseits bei Volmerstein in der Mark. Nun haben jene Christianitäten zu den Zeiten der Reformation nicht nur ihre Namen verloren, sondern sich entweder ganz oder doch gröstentheils der geistlichen Gerichtsbarkeit des Erzbischoffes von Köln entzogen.

Und, nachdem nun noch von der Arkuener die Bonner Buraner oder Burger; und von der Neusser die Düsseldorfer getrennt worden, so kommen heutzutage folgende Christianitäten in allem vor: die Arkuener <126> Buraner oder Bonner; die Zülpicher; die Eiffler; die Siegburger; die Jülicher; die Berchemer; die Suchteler; die Neusser; die Warrenscheider; die Xanter; die Soester; die Dortmunder; die Deuzer; die Attendorer; die Mescheder; die Recklinghauser; die Medebacher; die Wormbacher; die Lundscheider; die Essender; die Düsseldorfer; die Geseker; und die Duisburger.

Neben diesen finden wir noch einige kleinere Christianitäten als: die Malmundarer und Oistlicher von eilf Pfarrer, welche mit der Zülpicher vereinigt ist. Der Abt von Steinfeld redet in einem, an Erzbischoff Maximilian Heinrich im Jahre 1655 abgelassenen Schreiben von seinem Rechte folgendermassen:

> Steinfeldensis matrix parochia habet tres curatas parochias, Sistig, Hall & Wildenberg: utramque iurisdictionem exercet in suo districtu in parochias & parochianos: habet ius archidiaconale Synodi & cum causarum cognitione in comitatu Schleidano, Dominis Reifferscheid & Wildenburg, & dictorum locorum curiones ab ipso investiuntur, item parochialis in Dunwaldt ab immemoriali, ut ostensum est Ferdinando Archiepiscopo ab Anno 1647.

Der Dechant zu Kaiserswerth prætendiret das Recht eines Landdechants über Iver bei Himmelgeist, und Kreuzberg bei Kaiserswerth. Auf Unna und Herbede macht der Abt von Deuz Anspruch.

Sequitur[30]

Status Præposituræ et Archidiaconatus Bonnensis.

Subsunt in universum Archidiaconatui Bonnensi per centum & octuaginta octo ecclesiæ, tum Matricis, <127> tum paucæ Filiales & Sacella; in quinque sequentes Decanatus rurales, ut vocant, distinctæ : quibus singuli Decani sive Archipresbyteri præsunt, ac quotannis synodos seu capitula celebrant.

Primus est Arcuensis Decanatus, octuaginta novem ecclesias cum beneficiis complectens, Capitulum seu Synodum in collegiata ecclesia S. S. Cassii & Florentii in choro S. Barbaræ, ut vocant, feria quarta post Dominicam ›oculi‹[31], Pastores annuatim celebrant.

Pastores Decanatus Arcuensis

	altare	filiales
Adendorf	S. Crucis	
Aldenaer	S. Antonii	
Aldenaer	S. Crucis	1
Aldenar capella	S. Antonii	
Arweiler	S. Crucis	
Arweiler	S. Joannis	
Arweiler	S. Nicolai	
Arweiler	S. Sebastiani	
Bachum inferior		
Bachum superior		
Bengenhoven		
Berg [=Lüftelberg]	S.Lufftildis	

---

[30] Der ganze folgende Abschnitt ist entnommen aus (Hartzheim, Bibliotheca Coloniensis, in qua vita et libri typo vulgati ... 1747), Anhang; dabei gibt es in der Schreibweise leichte Abweichungen: „auff der Aar" (H), „ad Ahram" (M) – „Schwitz" (H), „Swest" (M) – „celebrantur" (H), „celebratur" (M) u.am.
[31] = dritter Fastensonntag: *Oculi mei semper ad Dominum.*

Berkum		
Birgel		
Blasweiler		
Bodendorf		1
Bornheim		1
Brenich		1
Brysach inferior	B.M.Virginis	
Brysach inferior	S. Nicolai	
Brysach superior		
Buschhoven		
Daun		
Dernaw		
Dumpelfeld		1
Flerzheim		
Franken		
Frizdorf		
Geldsdorf		
Graven-Rheindorf		
Heimerzheim auf der Aahr		
Hersbach		
Hersell		
Hilberoth		
Holzweiler		
Hönningen		
Houveroth		
Ippelendorf		
Keldenich		
Kesseling		
Kirchdaun		
Königsfeld		
Lind		
Loendorf		
Martini prope Trevelsdorf	B.M.Virginis	
Martini prope Trevelsdorf	S. Barbaræ	
Meischos		
Melheim		

Metternich		
Miel		
Muffendorf		
Murrenhoven		
Mutscheid		
Neukirchen an der Sweest		
Neukirchen in der Sürst		
Oberwinter		1
Oedingen		1
Ramershoven		
Reimbach	S. Crucis	
Reimbach	S.S. Apostolorum	
Remagen		
Ringen		
Roesberg		
Ruperath		
Saar		
Sechtem		
Sinzig		
Swadorf		
Swest aufm Berg Capella		
Unkelbach		1
Urfel[d]		
Villip		
Vischel		
Walburgenberg		
Waldorf ad Ahram		1
Waldorf ad Montes		
Weilerswist		
Wesseling		
Widdig capella	S. Georgii	
Wurmersdorf		

Pastores Decanatus Burani

Secundus est Decanatus Buranus sive Burgi, tempore Ferdinandi Ducis Bavariæ, Præpositi & postmodum Archiepiscopi Coloniensis, ex Arcuensi ob eius beneficiis, Capitulum Bonnæ in parochiali ecclesiæ S. Martini, feria secunda post Dominicam ›Reminescere‹[32] celebrantur.

	altare	filiales
Alfter		
Bonnæ	S. Gangolphi	
Bonnæ	S. Martini	
Bonnæ	S. Remigii	
Carweiler		
Dietkirchen		1
Dottendorf		
Drænsdorf Capella	S. Antonii	
Duisdorf Capella		
Eckendorf		
Endenich		
Ersdorf		
Friesdorf		
Gielsdorf Capella		
Kessenich		
Lengsdorf		
Lessenich		
Lymersdorf		
Muckenheim	B.M.Virginis	
Muckenheim Capella	S. Stephani	
Neerendorf		1
Plittersdorf Capella	S. Evergisli	
Rungsdorf		
Witterschlick		
Wodenheim		

---

[32] = zweiter Fastensonntag: Reminiscere miserationum tuarum, Domine.

[Pastores] Decanatus Tolpiacensis

Tertius est Decanatus Tolpiacensis, centum & sexdecim Ecclesias cum beneficiis & sacellis sub se habens. Illi adiunctus est districtus Oistlingiæ[33], ex undecim parœciis compositus, cui Decanus Tolpiacensis iure archidiaconali specialiter præest. Synodus sive Capitulum celebratur feria quinta post Dominicam ›Reminescere‹, in parochiali ecclesia D. Petri Tulpeti.

Tobiacenis hic Decanatus duas habet cameras cis & trans ripam. Euskirchen gaudet Hospitali, in quo capucini celebrant, & Ecclesiam in Kessenich.

Prope Kirchheim & in Burvenich Parthenones sunt virginum nobilum Cisterciensium sub Heisterbacensi Abbate.

In Hoven similis sub Abbate veteris montis [=Altenberg].

Prope Heimbach monasterium Cisterciense virorum nemoris B.V.

In Odendorf Partheno S. Augustini Stella maris auf der Eßig dictus est.

Similis ei in Stoltzheim sub cura Pastoris, & in Wisweiler alius titulo S. Antonii in Herzen.

Sub S. Petri Tolpiacenci parochia iacent sacella curata Lövenich, Ulpenich, Merzenich, Nemenich, Rovenich, Lossen, Langendorf, quondam a Benedictinis Siburgensibus sub Præposito Tolpiacensi administrata.

Subsunt S. Mariæ Tulpetensis curæ Ecclesia in Immendorf, & pagi Grich & Fuscenich, ubi est nobiliuum virginum præmonstratensium cœnobium & Abbatissa Rectrix.

Pastor S. Martini Tulpeti est Steinfeldensis, cuius duo socii Capellas Bessenich & Severnich administrant.

Sunt etiam Tolpiaci Capucini.

Porro exemti a visitatione Capituli & ad comparendum eorum locorum Rectores dicuntur: Rinscheim & Schweinheim[34], Rutenheim,

---

[33] Nicht identifiziert.
[34] In der Vorlage „Schureinheim".

Lindendorf, Cochenheim S. Lamberti, Niderberg in camera prima, deinde Niedecken, Bergstein, Fuscenich & Burvenich duo conventus.

In Reichstein Prioratus est sub patre Steinfeldensi.

Amblaviæ[35] parochia per Sacellanum has filiales Meiradt, Heppenbach, Markenbach, Walrodt, Bomburi administrat.

Bullingen duas Wirzfeld & Muringen filiales numerat ecclesias.

Malmundarii[36] præter amplissimam S. Benedictini cœnobium Capucini & Partheno S. Sepulchri vigent.

	altare	filiales
Abenden		
Antweiler		
Berenstein		
Berg prope Niedecken		
Bessenich		1
Blenz		1
Bleyburg		
Boor		
Burvenich		
Commeren		
Disternich		
Dockweiler		
Dreeß		
Drimborn Capella		
Drove		
Elsich		
Elvenich		
Embkem Capella	S. Gertrudis	
Enzen		
Errp Vicaria	S.Nicolai	
Esch		
Esch		
Euskirchen	S.Antonii	

---

[35] Nach dem Fluß Amblève/Amel bei Malmedy.
[36] = Malmünd/Malmedy.

Euskirchen	S.Crucis	
Euskirchen	S.Martini	
Ewenheim		
Garcem		
Gelkem		
Gladbach		
Grossen Büllesheim		
Hausen		1
Heimbach		
Hergarden		
Hoven	S.Margarethæ	
Hoven	S.Maximini	
Jenich		
Junkersdorf		1
Kirchheim	S. Nicoali	
Kirchheim		
Kirschpenich		
Klein Büllesheim		
Krützaw	B.M.Virginis	
Kuchenheim	S.Lamberti	
Langendorf		1
Lessenich		
Lommersdorf		
Lossem		1
Lovenich		1
Mechernich		
Merzenich		
Mudersheim	S.Crucis	
Mudersheim	S.Virginis	
Nidecken		
Niederaw		
Odendorf		
Oleff		
Olheim		
Pissenheim Capella	S.Jacobi	
Ringsheim Capella	S.Stephani	

Roexheim		
Roevenich		1
Rüdesheim		
Satzvey		
Sceven		
Severnich		
Sinzenich		
Soller		
Stockheim		
Stotzheim Vicaria		
Strasfeld		
Swerven		
Tulpeti	B.M.Virginis	
Tulpeti	Divi Petri	
Tulpeti	S.Martini	
Ulpenich		1
Undorf		
Vedtweis		
Vey		
Vlamersheim		
Vlatten		
Vriesheim		
Vrotzheim Vicaria	B.M.Virginis	
Vrotzheim Vicaria	S.Crucis	
Weidesheim	S.Antonii	
Weiler auf der Innen		
Weiler Capellaria		
Weingarten		
Weiskirchen		
Wichterich Capella	B.M.Virginis	
Wollersheim		1

Pastores Decanatus Eiffliæ

Quartus est Decanatus Eiffliæ. Is septuaginta sex Ecclesiis & Beneficiis comprehenditur. Capitulum bis in anno, primum feria quinta

post festum S. Lucæ [= 18. Oktober], secundum feria secunda post Dominicam ›Cantate‹[37], Monasterii Eiffliæ in collegiata ecclesia SS. Chry-
santi & Darii a parochiis aditur.

Hic Decanatus late per Eiffliæ comitatus, & ipsam Trevirensem
ditionem præsertim Daunensem præfecturam extenditur, id ex patro-
nis parochiarum, qui ius repræsentandi habent, cognoscetur. Duas habet cameras, superiorem & inferiorem. Superioris hæ parochiæ iuris
Trevirensis sunt Hillgeradt, Hillesheim oppidum, Kilvilla, Steinborn,
Weinfelt, Daun, Mehren, Ulmen, Kelberg, Berendorf, & ex inferiori
camera ad Trevirensem Awe & Manderfeld spectant. Ad superiorem
Cameram pertinent etiam Niederehe, Parochia cum Prioratu præmons-
tatensi, Udelhoven, Dockweiler, & Uxheim in Kerpensi dominio.

In comitatu Gerolsteinio iacent Bettingen & Saresdorf. In satrapia Nurberg ius confert Elector; at Nurberg Burgmanni præsentant,
Caldenborn nobiles Hillesheim. Commendator S. Joannis repræsentat
in Adenaw, Aldendorf, Cronenburg, Kirmerscheidt; Abbas S. Maxi-
mini Barweiler & Uxim; Elector Coloniensis Alten-Reifferscheid, Comes Manderscheid Gerolstein, ut Dominus in Cronenburg, repræsentat
Ormunden, Udenbrett, Lissendorf; Kille oppidum & Dalheim Comes
repræsentat, Dottel comes de Marca, Zinzheim alternis vicibus
Manderscheid-Blankenheim & Gerolstein. Blankenheim in vallo &
pago ac Esch Comes in Blankenheim, Dollendorf Comes de Keil, Marmagen sub Steinfeldensi Abbatia nobiles de Penzfeld, Princeps Aren-
bergicus Patronus est in Arenberg, Wershoven, Lommersdorf, Antweiler, Roer, Dorfel. Decano Monasteriensi subiiciuntur Eversheim, E-
schweiler, Budenradt, Nothen; Est autem Monasterii Collegiata ecclesia, Societatis Jesu Collegium, Cœnobium Capucinorum, Partheno Dis-
calceatarum.

	altare	filiales
Adenaw		
Ahrburg	S.Arnolphi	
Alendorf		
Antweiler		

---

[37] = vierter Sonntag nach Ostern: *Cantate Domino canticum novum.*

Aw	
Barweiler	
Berendorf	
Bettingen	
Billig	1
Blankenheimerdorf	
Blankenheimertal	
Brachscheid	
Budenrath	1
Calcar	
Cronenburg	
Dachscheid	
Dalheim	1
Dallendorf	
Daun	
Dockweiler	
Dorsell	
Dottelen	
Dumpelfeld	
Effelsberg	
Esch	
Eschweiler	
Ewersheim	1
Hilgerod	
Hillesheim	
Holzheim	
Honningen	1
Hummelen	
Kaldenbornbach	
Kaldenreifferscheid	
Kelberg	
Keldenig	
Killoppidum	
Kirmesheid	1
Lommersdorf	
Lysendorf	

Manderfeld		
Marmagen		
Mehren cum Capella		
Montium Eiffliæ		
Mülheim		
Niederehe		
Nöthen		1
Nurburg Capella		
Oberehe		
Ormünden		
Rhor		
Ripsdorf		
Rockenkill		
Sarresdorf		
Schmidheim		
Scholt		
Schonau		
Stadtkill		
Steinborn		
Tagscheid		
Tondorf		
Udelhoven Vicarius		
Udenbret		1
Ulmen	B.M.V.	
Ulmen	S.Georgii	
Uß		
Uxheim		
Weinfeld		
Wershoven		
Weyer		
Wisbäumen		
Zinsheim		

Pastores Decanatus Siegburgensis

Siburgi nobilium virorum O[rdinis] S[ancti] Benedicti Abbatia est a S. Annone fundata: Heisterbaci Cisterciensis Abbatia. Vilicense nobilitum Canonicarum Collegium a Mengozo Gelriæ comite fundatum: Reindorpense simile ab Arnoldo II. Col. Archiep. Circa Blankenbergum cœnobium est Regularium Canonicorum S. Augustini, Partheno Augustinianus, & Minorum Conventualium Asceterium tempore S. Francisci conditum.

	Altare	filiales
Aldenkirchen		
Aldenrath		
Alpenrads		
Alstadt		
Asbach	B.M.Virginis	
Bercheim		
Berenbach		
Blankenberg		
Breitbach		
Cassel inferior		
Cassel superior		
Crobach		
Dattenfeld		
Dollendorf inferior		
Dollendorf superior		
Droisdorf		
Eckenhagen	B.M.Virginis	
Eitorpp		
Erpell		
Flamersfeld		
Geistingen		
Geverzhagen		
Gommersbach		
Gymborn		
Hachenburg		

103

Hamme		
Happerschos		
Henneff		
Herchingen		
Hoenrodt		
Honneff Capella	B.M.Virginis	
Ittenbach		
Kirburg		
Königswinter Vicaria		
Kudekoven		
Lahr		
Libbethausen		
Lomer		
Luscheid		
Masbach		
Mehren		
Menden		
Mondorf		
Mons	S.Aegidii	1
Morsbach		
Much		
Neunkirchen		
Niederpleis		
Numbrich		
Oberpleis		
Odenspiell		
Overroth		
Reidt		
Romershagen		
Ronderadt		
Rospach		
Rupichderods		
Salscheid prope Neukirchen		
Siegberg		
Sieglær		
Stieldorf		

Uckerods

Unkel   S.Nicolai

Unkel   SS.Auxiliatorum

Vylich   S.Trinitatis

Waldbroel

Walscheid

Weidenist

Windhagen

Winterscheid

Wissen

Zissendorf   B.M.Virginis

<137>

Metropolitano Præposito & Archi-Dia-cono

Subsunt Decanatus Berchemensis, Juliacensis, Attendoriensis, ex parte olim eidem etiam Novesiensis, Tuitiensis, Wormbacensis paruerunt.

Berchemensis

120 circiter parochias vel curatas numerat ecclesias

Aldenrads

Angelstorf

Anweheim

Ausen inferius

Ausen superius

Bachum inferius

Bachum superius

Badorf

Balchausen

Barenstein

Baweiler	
Beerdorf	
Bell	
Berchem	
Berchemerdorf[38]	
Berga	prope Wickeradt
Betberg	prope Dieck
Betburg	oppidum habens conventum Eremitarum S. Augustini
Binsfeld	
Blatzem	cum parthenone Cisterciensi
Bliessem	prope Lechenich
Boiscenich	Sacellum sub Keienberg
Bollem	cum parthenone Königsdorpiensi Benedictino
Bottenbruch	cum Cisterciensi conventu
Braweiler	insignis S. Benedictini Abbatiacum parochia
Brula	alit etiam Recollectos & parthenonem Cisterciensem Marienbenden vicinum
Buckelmund	
Buiß	
Bustorf	
Cärpen	oppium collegio Canonicorum & capella prope Wevelingoven ornatur
Clarendorf	Sacella tria sub Frechen
Crile	prope Coloniam
Dirmischen	sub Lechenich
Efferen	
Eisweiler	
Elffken	
Elsen	
Elstorf	
Embs inferius	
Embs superius	

---

[38] »Sub hac parochia conventus est Recollectorum Bethlehem dictus.«

106

Emmenrads	
Eps	
Eschermühl	
Eschweiler	
Fischenich	Sacellum curatum sub Efferzen iam parochia
Frawenmüllesheim	Sacellum sub Binsfeld
Frechen	
Fremerstorf	
Geilrads	
Geisenkirchen	
Gerode	
Geyen	
Gimmenich	
Glesch	Sacellum sub Paffendorf
Glessen	
Glewel	sub qua Burbæus partheno Cisterciensis situs est
Golzenkirchen	
Gostorf	
Gotzen	
Grazweiler	
Grevenbruch	conventus in ea Cisterciensis est
Gunterstorf	
Heddinghoven	
Hemmerden	
Hemmersbach	
Heppendorf	
Herten	Sacellum sub Hurten
Holzweiler	
Hönkirchen	
Honningen	
Huickhoven	
Hurt	
Immendorf	
Juchem	

Junkersdorf	
Kels	
Kendenich	
Keyenberg	
Kirchenter	
Königshoven	
Kurdorf	prope Braweiler
Kurdorf	prope Bedburg
Kurdorf	prope Lechenich
Lechenich	Recollectorum conventu gaudet
Liblar	
Lick	
Lipp	
Lovenich	prope Holzweiler
Lovenich	prope Braweiler
Manheim	
Martorf	cum Heucheln & Clarendorf, Sacelle tria sub Frechen
Mechenich	
Mercken	
Mülheim	
Mundt	
Nettesheim	
Neukirchen	duo prope Wandlo & Hulkerads
Neuradt	
Newerhusen	
Nörvenich	
Odenkirchen	
Oeckhoven	
Ohenradt	Sacellum sub Keyenberg
Ollinissen	
Paffendorf	
Pingsheim	
Pöllein	
Quadrat	
Rodenkirchen	

Rommerskirchen
Stommelen
Surds
Syndorf
Torr
Trostorf — Sacellum sub Herten
Wandlo
Welkenberg — habet Conventum Religiosorum tertiæ re-
gulæ S. Franc.
Wenradt — Sacellum sub Wandlo
Wevelinghoven — sub hæ Langwaden partheno præmonsta-
tensis est

Wisterheim

Juliacensis Christianitas

Sub eodem Archi-Diacono Metropolitano parochias 75 numerat.

Affden
Aldenhoven — oppidum Sacellum in medio habet cum
Sacro quotidiano, hospitale & duos curatos
pagos

Alsdorf
Arnolsweiler
Bæckwiler
Bardenberg
Barmen
Basweiler
Beckendorf
Berga — S.Laurentii
Bettenhoven
Birkesdorf
Boesdorf
Brackelen
Broich
Coslar

Cyr inferius	
Cyr superius	
Durboslar	filiales
Ederen	
Eicks	
Elendorf	
Ellen	
Eschweiler	
Freyaldenhoven	
Gereosweiler	
Gevenich	
Glimbach	
Gressenich	
Gurzenich	
Gusten	
Hambach	
Haren	filialis Wurselensis
Hasselsweiler	
Hoengen	
Huinschoven	
Immendorf	
Inden	
Inden	Indensis nobilium virorum Ordinis S. Benedicti Abbatis
Jülich	Juliacum incolit collegium Canonicorum, Patres S. J. Capucini, partheno S. Sepulchri
Jülich	S. Catharinæ prope Schonforst
Kinzweiler	
Kirbergh	
Korrenzich	
Lamersdorf	
Lendenstorf	
Linnich	cœnobium habet Minorum, & Sanctimonialium tertiæ regulæ S. Francisci
Lohn	
Lovenich	

Marcoduri[39]	degunt patres S. J. Recollecti, Capucini, Sanctimoniales annunciatæ & ægris servientes
Merkstein	
Merschen	
Merzenich	
Mirweiler	
Morschenich	
Mundts	
Oidtweiler	
Pescheten	
Porcetum	parthenone nobilium virginum cisterciens. decoratur
Promeren	
Pyr	
Rodigen	
Schleiden	
Selcherstorf	
Speil	
Stetterich	
Tetz	
Theodoriciweiler	
Titz	
Uback	
Urelenber	
Weda	
Weisweiler	
Welz	
Wurmb.	
Würselen	
Xierstorf	habet commendam ordinis Teutonici
Zetterich	

Sunt præter dictas in hoc Decanatu hæ quoque capellæ.

---

[39] =Mariaweiler bei Düren.

In Alstorf
Amulen
Borchem
Distelrods
Dœn
Frenz
Geich
Hella
Hellradt
Hoffert
Kofferen
Palemberg
Pateren
Stalberg
Sugrondt

Tuitiensis Decanatus

In Montensi ducatu olim Sub Præposito Metropolitano fuise dicitur, nunc sub Cunibertino est. Parochias numerat 52.

Bechen
Bensburg
Burgh
Burich
Burscheidt
Daverkausen
Deuz   Tuitium habet insignem S. Heriberti ordinis
              S. Benedicti Abbatiam
Dunwald   partheno fuit præmonstratensis, nunc Se-
              minarium est ordinis eiusdem
Durscheidt
Engelskirchen
Ensen
Flittardt
Gladtbach

Herkenradt
Hohecapell
Hucheswagen
Immerkeppel
Kurten
Langell
Leichlmg
Lennepium   cœnobium habet Minorum
Lintlahr
Lulstorf
Luttringhusen
Luzenkirchen
Merheim
Mülheim
Neukirchen
Odendahl
Oelpe
Opladen
Paffrath
Radt vorm Walde
Remscheidt
Reusrads
Rindorf
Sand
Schlebuschradt
Solingen
Steinbüchel
Steinhausen
Urbach
Volperg
Waahe
Wermerskirchen
Westorf
Wipperfeld
Wipperfurt
Witzheller

Zundorf inferius
Zundorf superius

Dusseldorpensis Decanatus

Confinis Tuitiensi, recens a Novesiensi præcisus, olim Præposito, nunc Decano metropolitano subest.

A. Elverfeld	
A. Hæn	
A. Neves	
A. Schaller	
A. Sombron	
A. Walde	
A. Walfferath	
Benrade	
Bilch	
Calchum	
Creuzberg	prope Cæsaris-Insulam [=Kaiserswerth]
Dussel	
Dusseldorf	alit Canonicorum & S. J. collegia, Crucigerorum, Recollectorum & Capucinorum cœnobia; Discalceatarum & Annunciatarum parthenones
Ercradt	
Gerresheim	Collegium habet Canonicarum nobilium Virginum
Gruiten	
Hamm	prope Düsseldorf
Hilden	
Himmelgeist	
Langenberg	
Lintorf	
Medman	
Mintart	
Monheim	

Mundelcheim
Neukirchen
Pastor de fonte
Ratingen   cœperunt Minores conventum
Velbret   prope Homberg
Volmerwerte
Wer   prope Himmelgeist
Wittlahr

Decanus Cæsaris-Insulanus[40]

Vel Archidiaconus sibi vindicat Mintart, ad Dusburgensem spectavit Decanatum.

Anradt   in Angermondt capella
Biderich
Bone   prope Werdenam
Butgen   cum Vicaria
Castforst
Crevelt
Durmagen
Ercherode   prope Rerdt
Esch
Gelverode
Glene
Greverode
Grimmelinkhusen
Gruten
Hachenbruch
Herde
Hoestede
Holtem
Homburg
Kerberg

---

[40] = Kaiserswerth.

Kirschmisch	cum capella
Lanck	
Langenberg	
Linne	
Nembgen	
Neuss	Clarissæ
Neuss	Collegium Societ. Jes.
Neuss	Novesii Collegiata S. Quirini ecclesia
Neuss	Recollecti
Neuss	Regulares S. Augustini
Neuss	S. Sepulchri Virginis
Nivenheim	
Norpe	
Oesterade	
Olver	
Orep	
Rosellem	
S. Margarethæ	prope Hoest
Tolchem	
Udesheim	
Ungelamme	
Vischell	
Wittlar	
Woringen	
Zoncium	cum capella P. Recollectos alit

Sunt in hoc Districtu Merensis, ordinis præmontratensis, & Gnadenda-lensis, instituti Cistercieneis Parthenones.

Archidiaconatus Santensis[41]

Cis & trans Rhenum Decanatus quinque numerat, ei multas parochias catholicas Episcopatus novi Ruremundanus & Silvæducensi sub-duxerunt e Geldria, Lit[tera] O; multas Reformatio Lit[tera] R præfixa notatas.

---

[41] =Xanten.

Ac primus Suchtelensis paucas habet parœcias, sed amplissimas, quibus communicantium adiiciam numerum.

Amissæ	
Bosen	
Dulkena	3000
Glabbacum	Abbatiam S. Benedicti habet, Communicantes 4560
Hart	
Huls	1400
Kempen	totidem [=4560]
O Greverobe	
O Heensbeck	
O Heringen	
O Leith	
O Virsen	
O Wachtendonk	
O Wanckum	
Oeda	
Reida	
S. Antonii	pauciores
Suchtelena	2800
Ude	
Vorst	

Dusburgensis

Trans-Rhenanus, Confinis Dusseldorpiensi, paucis execeptis acatholicus

Bochem	
Boetberg superior	cum capella
Dinslacken	
Eppinkhaven	
R Baerl	
R Beeck	

117

R Berk
R Drevenich
R Duisburg
R Emmerich

In comitatu Mœrsensi

Mintert
Oesterveld
Ordinga
R Galen
R Gotterswick
R Habynen
R Halen
R Hisveld
R Holt
R Hundsveld
R Hunse
R Kettwich
R Meiderick
R Mœrsa
R Mülheim ad Ruram
R nova ecclesia in Vlu-
men
R Orsoy
R Repelen
R Rivort
R Scherenbeck
R Vrimersbeim
R Walack
Spellen
Sterkenradt
Walsum

Santensis

Ipse Decanatus his gaudet parœciis.

Aldencalcar	Huius templum Hassi diruerunt
Alpen	
Appeltorn	
Bienen	
Bimmel	
Bisselich	
Bort	
Briten	
Calcar	
Cleve	
Cranenburgum	cum collegiata ecclesia & parthenone
Donsbruggen	
Dormick	
Dorstena	
Ginterich	
Halberen	prope Resam
Huswerden	
Keken	
Kekerdam	
Loedichen	
Mehr inferius	
Mehr superior	
Menselar	
Millingen inferius	
Millingen superior	
Niedermoringter	prope Resam
Nyell	
Qualburg	
R Büderich	
R Duffelwards	
R Hamminkelen	
R Issumb	
R Wesalia	

Rhenen	olim modo Haffen
Rineren	
Suilen	olim modo Træst
Tyll	
Vinen	

Geldrensis vel Stralensis Catholicus

Asperden	
Boegen	alias Hullum
Capella S. Georgii	
Gennip	
Goch	
Hassum	
Heiden	
Hommersem	
Kessel	
O Aefferden	prope Mosam
O Antiqua ecclesia	in die Vogdey
O Berenbrock	
O Bergen	
O Capellen	
O Gelder	
O Kevelær	
O Keverdonk	
O nova ecclesia	in der Vogdey
O Risen	
O Stralen	
O Tersum	
O Vark Were	
O Well	
O Wetten	
O Wolbock	cum suis Capellis & filiali dicta Tuistaden
Uden	
Winneckendonck	28

Decanatus Neomagensis

Afferderen
Alden
Altforst
Appelderen
Barenburg   est collegiata Ecclesia cui incorporata est Bomel & Horsen seu Hoesten, Borgharen.

Belgoi
Boningen
Dromall
Druiten
Dyest
Effick
Groisbeck
Haren
Hasset inferius
Hasset superius
Herman
Hirnen
Lewin
Loee
Malden
Moldick alias Mœck   hæc sola ecclesia in hoc decanatu manet catholica

Nifferick
Noviomagum
Oy
Persingen
Puffelick
Sita   in Clivia
Wæmal
Wichen
Winsem   32

[Archidiaconatus Recklinghusanus]

In hoc archidiaconatu olim fuere 132 parochiæ. – Vestæ Christianitas olim erat proposita, cuius Curiones olim proprium Decanum eligebant, nunc ab annis [17]60 commissarium ipsis Archiepiscopus Coloniensis præficit: dividitur in superiorem & inferiorem: Civitates duas habet Recklinghusium & Dorstenam: tria muncipia: Horneburg, Westerholt & zur Horst.

Superiores parochiæ sunt
Bostorp
Dattelen
Harten
Henrichenburg
Horneburg
Merl Pelsum
Oor
Recklinghusium
Sudewich
Waltrap
Westerholt

Pastori Recklinghusano

Harum quædam ut filiæ & Capellæ subsunt.
  Bottorp
  Durstena
  Durstensis   etiam curio mediocres defectus laicorum plectit in Synodo.
  Gladbeck
  Kirchellen
  Osterveld

Essendiensis

Decanatus perexiguus est.

5 tantum nuerat parœcias.

In Essendiensi	oppido, ubi principale collegium illustrium Canonicarum, & Patres Capucini, & P.P.Socet. Jes. degunt
Parochia S. Joannis	est catholica
S. Gertrudis	parœciam occuparunt Lutherani, Catholicis Parochianis priorem S. Joannis ecclesiam frequentantibus
Stiel oppidum	
Borbeck	&
Stoppenberg	pagi catholicas habent parochias. Oleum sacrum curat S. Joannis pastor.

Archidiaconus Tremonensis

Est Decanus Marianus Graduum; sub eo duæ parochiæ Bederich & Scheding catholicæ restant. – Ceterarum plerasque Reformatio abstulit.

Parocia	S. Mariæ
Parocia	S. Martini
Parocia	S. Nicolai
Parocia	S. Petri
Parocia	S. Reinoldi
Tremoniæ	Dominicani
Tremoniæ	Partheno S. Catharinæ
Tremoniæ	sunt Minores Conventuales

Extra urbem

Apelberbecke
Baue
Bellingheusen
Bergen
Bönen
Brackel
Camen

Castrop
Colsheim
Cratelinck
Dortmundt
Flercke
Frondeberg
Girderike
Gladebecke
Heimgen
Hemmerden
Herdecke
Hernen
Hildecke
Kirchella
Kirchorde
Luneren
Lutgen
Marlere
Mechelem
Mengede
Osterfelde
Quædam   earum   ad
Vestam spectant.
Reineren
Schedingen
Unna
Vorde
Waldor
Wickede
Wifflinhoffen
Zur Mark   prope Ham

Archidiaconatus Susatensis

Parochias censet 35.

Alten Gesecke	
Allagen	
Affenruden	
Anrachte	
Belke	
Benninghausen	in abbatiali ecclesia divina fiunt, scholam habet
Bergi	
Bremen	Sacellis decoratur in Bielme & in nemore auf dem Fürstenberge. Utrobique Commenda fundata est; iacet in hoc parochia partheno cisterciens
Porta Cœli	
Buckenfurt	
Corbecke	tres ludimagistros & totidem capellas censet. 1mam pater parthenonis paradisi duas Curio procurat
Geseke	nobili collegio XX Canonicorum gaudet, & duabus parochiis
Geseke	Observantes ibi degunt
[Geseke]	S. Cyriaci: hospitali cum Sacello intra & extra mœnia, Nosocomio leprosorum
[Geseke]	S. Petri
Harn	8 pagos & Sacella sub se habet
Hellinghausen	
Heringhausen	Sacella
Hirzberg	
Hoinghausen	
Holtrop	
Kallenhart	
Langenstrate	
Merick	
Misen	
Morringbausen	

Mulheimb
Niederkirch
Oberkirch
Orsoinghausen
Ostunghausen
Ruden   ibi domus sororum
Stormede   sororum etiam S. Augustini Nazareth dic-
                         tum alit
Susatum   collegio archidiaconali Canonicorum
[Susatum]   Domininicanis celebratur
[Susatum]   Minoribus
Uberhagen   Sacella

Attendoriensis Decanatus

Parochiis præest 19.

Affelen   tria Sacella numerat
Allendorf
Alten Affelen
Ambke
Attendoris   cum Observantibus, hospitali ante portam,
                         & cœnobio Ewig Regularium S. Augustini,
                         Sacella in pagis
[Balve]   S. Michalis
Balve   Sacellis 8 ornatur
Beringhausen
Bliendorf
Bremeke
Clusa   S. Agatii
Darenkolthusen   subsunt
Drolshagen   parthenonem Cisterciensem & Sacellum in
                         Iserkusen possidet
Dunscheid   baptismalem filiam 6 Sacellis
Dunscheidt
Eisberen

Enghausen	Sacella 4 in pagis
Ennest	
Freisendorf	
Garbecke	trium regum
Grubeke	
Hagen	
Haggen	
Helden	præter Dunscheid
Herdinghausen	
Hergen	
Hovel	
Huschot	Sacella pariter & Commendam in Waldenberg habet
Husten	habet Sacella in municipio
Kirchlinden	
Langenholthusen	
Langeschede	censet
Mellem	
Menden	
Mercklinghausen	
Muschede	
Neheimb	Vicaris S. Ursulæ & alia S. Crucis decoratur
Newen Clausen	honestatur
Niederhellen	
Oberenbeiscede	
Olpena	Sacellis in Cluse
Otfingen	præest
Radestockum	Sacella 4 in Entrop
Rechum	
Recklingen	
Rifflinghusen	gaudet
Rotentelgen	
Sonderen	
Summeren	
Voswinkel	
Wendel	Sacellis in Sterlingen

Ad hunc Decanatum spectat Olinghusen Præmonstratensium partheno, Porta Cœli & Frondenberg olim S. Bernardi nunc partim Catholicarum partim Acatholicarum in Marchia collegium.

Es eadem Marchia hæ parochiæ secessionem ad hæreticos fecere Iserloe, Plettenberg, Herschede, Oell, Wordoll, Dellinghoven, Hederen, Hennen, Bosinghagen, Delwig; At Velbert, & Meinerzhagen, licet Colonienses & Marcanos subditos habeant, omnes tamen Lutheranis adhærent tabulis.

Meschedenis Christianitas

Parochias 26 complectitur.

Alten Buren	
Attinghausen	
Bawenkirchen	
Bedelick	oppidum ex Præpositura Grafschaffensi natum est
Bigge	Sacella in & extra Anfeld possidet. Retinet in Wimeringhausen & Helmeringhausen
Brausuppel	
Brilonia	Minores & hospitale S. spiritus hebet
Calle	ecclesiam S. Severini habet, Sacella quoque in Walle, Obenberge, Stockhausen & Olpe
Elffe	filiali in Verde: quæ gaudet baptisterio, sepultura & Sacellano
Elffe	subsunt eidem Sacella in Bonzel, Melbecke, Spork, Altenwalbert, in superiore Walbert, in Marpe, in superiore Elffe, in Beribecke, in Halberbracht, in Meggen, in Mombecke, in Tete
Esleve	
Everstberg	civitas arce munitur
Ferncarbach	
Frienohl	

Grevenstein

Heinsberg — filialis & Hundeme: huius aliam filialem Kolhegen Sacellanus procurat, eritque separata parochia constans ex pagis Siberg, Vorst, Brackhausen, Wedermollen & Emblinghausen: iacet in Monte, locus dicatus est B. Virgini frequentatur certis eiusdem B. V. festis etiam ab achatolicis donis. Singuli pagi Sacellis gaudent

Hellefeld — ornatur 6 Sacellis in Visbecke, Alten Hellefeld, Meickenbracht, Lennepe, Worninghausen & Westenfeld

Hoppcken — eodem utuntur parocho

Hundene — 7 Sacella possidet in Oberen & Niederen Albaun, in Weringhausen, Kirchenbeck, Alten Hundeme, Hosolp & Flape

Kobbenradt — fuit filialis ab Elspe; pastorem habet

Meschede — collegio Canonicorum & duplici parochia cumulatur 1ma municipii, 2da forensi

Oeding — Sacellis auctum est in Lethmate & Bremschede, iacet in monte, cœnobium fuit Virginum

Rarback — præest sacellis in Velschenent & Crupperech

Reiste — in Bredenbeck, Bosinghausen, Lohoff, Bombeck, Eifflinghausen, Rigkrughausen, Herhagen & Langenbeck sacellis gaudet

Scharffruden

Schlipruden — Sacella 4 possidet

Schonholthausen — Sacella decem

Velmede — 6 subiectas capellas habet, Veschede unam in Bilsteiniensi arce

[Velmede] — alteram in Benolphe

Wenholthausen — prope Meschede Monasteriumest Gallilea dictum

Medebacensis Decanatus

Jacet in Medebacensi Præfectura

sunt in ea civitates

Diesfeld	parochia præter suum duos habet subiectos pagos
Dudinghausen	Freigraviatus duas habet parochias Diesfeld & Eppe
Eppe	parochia tres etiam numerat pagos, in Eppœ templum est SS. Petri & Pauli, in Niederen-Schleideren S. Ursulæ & Hillershausen
Gronebacum	in Silbach & Niederspelt Sacellis ornatur
Hallenberge	
Liessem	Sacellum S. Thomæ
Medebachium	
Oberschleideren	sacellum est S. Antonii
Referinghusen	
Titmeringhusen	
Waldenses comites	tres has parochias cum proventibus a Coloniensi Diœcesi abstraxerant
Winterberge	totidem Freigraviatus Zuschen, Gronebach & Dudinghausen ac monasterium Glindfeldense complectitur, situm in Questelberg A. 1290 eo translatum, partheno fuerat S. Augustini, nunc crucigeris cessit cum pastoratu
Zuschenavia	habet in Hesperen ecclesiam S. Goaris
Referinghausen	in Sacello Referinghausen Catholici gaudent catholico exercitio
Medebacensis	Decanatus 9 parochias & Glindfeldense retinet cœnobium

Worbacenis Decanatus

Parochias 12 sibi vindicat

Bodefeld
Bughausen
Dotlar
Fredeburg

in eo iacet Abbatia celebris Grafschaffensis: Abbas ipse Archidiaconum huius se Decanatus nominat

Grafschaft
Helpe
Lenne
Oberenkirchen
Oberensunderen
Rurbach
Schmalenberg
Wormbach

Denique

Nullius certi Decanatus

Hæc parochiæ XI putantur esse

Alme
Breitlar
Domus Sororum
Ehvele
Hettinghausen
Marsberg
Mattfeld
Padberg
Setinghausen
Volkmarsen
Weidinghausen

Monasterium

B. Verzeichniss der Städte, Flecken, Dörfer, Rittersizze, Höfe etc.

worüber dem erzbischöfflichen Official zu Köln die Gerichtsbarkeit zustehet[42]

Profectio prima

1. Erbvogtei	Lang
	Ling
Arft	Marrhof
Bergerhof	Mauenheim
Bickendorf	Mechteren
Deckstein	Melaten
Erver- und Brüngisrather Hof	Merrheim
Further-Hof	Moersdorfer Hof
Gnadenthal	Neuß
Grimlinghausen	Neusserfurth
Hackes	Niehl
Heckhof	Nippes
Heimersdorf	Ossendorf
Horrem	Pivippenberg
Kriel	Roggendorf

---

[42] »Der erzbischöffliche Official zu Köln hat bekanntlich eine Universal-Jurisdiktion durch das ganze Erzstift, und konkurrirt mit allen Beamten, Unterherren und Gerichtern, einige wenige, durch besondere Privilegien eximirte, ausgenommen. Jenes Verzeichniss theilet das ganze Erzstift in vier Distrikte, deren jeder einem Gerichtsboten zu seiner Bereisung {Reisa, wie sie es nennen} angewiesen ist.«

Sturzelberg
Thenhoven
Uedesheim
Volkhoven
Worringen
Zoons
Zubelrath

2. Satrapa Linnensis

Anrath
Bosinghoven
Büderich seu Burich
Elberinger Honnschaft
Elverich Honnschaft
Fuhlesheim
Gelb
Glindholdt
Grosse Honnschaft
Hagen Honnschaft
Harber Honnschaft
Heerde s. Herdt
Heulesheim
Karst
Kirst
Kraphauser Honnschaft
Langensees
Lathum
Lawenburg
Linn
Maubis
Meer, Cloister
Neersen
Neerstraß cum appertinentiis
Nierst
Oedt s. Uda
Oesterrath

Oppen
Ossum
Schiefbahn cum appertinentiis
Schmalbrocher Honschaft
Sennikel Honnschaft
Stratum
Streithoven Honnschaft
Unterbroich
Vischel

3. Satrapia Kempensis

Bernarder Honnschaft
Broich
Collenburg, Groß und klein
Hüls cum appertinentiis
Imbroicher Honnschaft
Kempen
Ohrbrocher Honnschaft
Op dem Broel
St. Hubertus
St. Tonnis
Strumpf Honnschaft
Vorst
Wilich cum appertinentiis
Zoppenbroich groß und kleine
Honnschaft

4. Satrapia Liedsbergen-sis

Alpen
Bochum Honnschaft
Diessele gegen Kaiserswerth
Haus Dreven
Hohen Bodt

Holzheim
Issum s. Isthen
Kaiserswerth
Kamp
Kehn
Keppeler
Kessen
Kleinenbroich
Lanck
Liedtberg

Menselen
Op der Heydt
Rath Honnschaft
Rheinberg
S. Biedtberg Honnschaft
Schlickum
Urdingen
Verberg
Vier Quartier
Winterschwick

Profectio secunda

1. Satrapia Hulchrads

Aller-Heiligen
Anxtel
Auenheim
Auweiler
Balkhausen
Bebber cum appertinentiis
Bell Honnschaft
Bockelmund
Bockendorf
Brauweiler
Buchholz
Buestorf
Burglohr
Büttgen
Butzem seu Boitzheim
Capellen prope Elsen
Casselberg
Caulen
Danner
Delfen

Dick Gräflich Land
Donsweiler
Eckum
Elfen
Elfgen
Eppinghoven
Epsendorf
Erprath
Esch
Eschweiler
Fliesteden
Frauweiler
Frechen
Frenz, Dominium
Frerberg Honnschaft
Friemersdorfer Höfe
Frimersdorf
Frixheim
Fuhlingen
Fürth
Geissenbeck Honnschaft
Gierdborchem

134

Giesenkirchen
Gill
Gilverath
Gleen
Gommershof
Greffrath
Grosser Munchhof
Gudenrath
Gustorf s. Geistorf
Hackenbroich
Helfenstein
Hermeshof
Hoeningen
Hückelhoven
Hulchradt
Ichendorf, Halb -
in der Dellen
Junkersdorf
Kenten
Kikoven
Kirdorf
Knechtsteden
Königsdorf
Königsdorf, Klein-
Kottradt s. Quadrath
Kreichshof
Lachhof, Groß und klein
Langel
Langwaden
Loevenich
Longerich auf der Klinken
Lubisrather Hof
Lüttingleen
Machgeschehen
Mansteden
Mengenich

Merkenich
Muchhausen
Müllforst Honnschaft
Mungersdorf
Nettesheim
Neukirchen
Nievenheim
Norf
Nussenberg
Oberbachem
Ockoven
Odekirchen Herrschaft
Oestorf
Olligsrath
Orr
Osen
Paffenmütz
Pesch
Putzweiler
Raderhof
Rhein
Rhein-Cassel an der Weihen
Rohrfeld
Roist   nobilis   domus   von
Weerse modo Lohehausen
Rommerskirchen
Rosellen
Sassenrath
Selhoven
Sinnersdorf
Sinsteden
Straberg
Synteren
Türnich
Vankum
Weiler

Wesgevel
Wewelinghoven

Widdersdorf
Zur Weyden

Profectio tertia

1. Satapria Brulensis

Aldenrath
Bachem ex parte
Bedorf s. Badorf
Benden
Berzdorf
Bezdorf
Bornheim
Brenich
Bruel
Burbach
Cadorf
Cloister Capellen
Conzerhof
Dersdorf
Dinzikoven
Dopschleidt
Düzekoven
Eindorfer Hof
Fußgaß
Geißdorferhoven
Glewel
Godorf
Harbell
Heimerzheim
Hemmerich
Hemmerich, Haus – mit der
Erb-Cammerey
Hermulheim

Huirdt
Huning
Immendorf
In der Fillen
Judenbuchel
Kallscheuer
Keldenich
Kendenich
Kirberg
Kitzburg
Klettenberg
Kohmar
Kriegshoven
Kühlseck
Maarsdorf
Merz
Meschenich
Meschenich bei Hönnigen
Metternich
Muckenhausen
Neuenhof
Neukirchen
Om Fendel
Op der Heiden
Orsfeld
Palmersdorf
Pingsdorf
Rheindorf
Rodderhof
Roderhof

Roesberg
Rondorf
Schellmaur
Schneppen
Schwadorf
Schwarzheim
Schwisterberg
Sechten
Sielsdorf
Sisekoven
St. Merten
Straaßftld
Sürdt
Toberg
Trippelsdorf
Ullekoven
Vochem
Walberberg
Waldorf
Weiderhof
Weidesheim
Weilerschwist
Weishaus
Weiß
Wetshoven

Aestaden
Ahrem s. Ohrem
Am Schildgen
Berrenrath
Blessum s. Bleesheim
Bliesheim
Bruggen
Buschfeld
Conradsheim
Dirmerzheim
Erp
Frauenthal
Gymnich
Harrich
Kirdorf
Knapsack
Kotkingen
Lechenich
Liblar
Meller
Pesch
Pfingsheim
Roggendorf
Ziselmahr

4. Saptrapia Tulpetensis

Bessenich
Bodum
Füssenich
Geich
Ozlern
Weiler
Zulvich

2. Amt Deutz

Gremberg
Kalk
Pfingst
Poll

3. Satrapia Lechenich

137

5. Satrapia Hardensis

Abtei Steinfeld
Antweiler
Arloff
Bullesheim
Cochenheim
Drey-Mühlen
Eiserfey
Esch
Glehn am Bleiberg
Harzheim
Holzheim
Kallmuth

Kirspenich
Marmagen
Mudscheidt[43]
Reider
Satzfey
Stozheim
Uhrfey
Urft
Vollem
Wahl
Weiher
Weingarten
Zingsheim

Profectio quarta

1. Satrapia Bonnensis

Adendorf
Alfter
Benhoven
Berkum s. Berchum
Beuel
Bisheim
Bonn
Buil
Buschdorf
Buschhoven
Cambohr
Castenholz

Creuzberg
Dernau
Dietkirchen
Dottendorf
Drachenfels Ländlein
Drænsdorf
Duestorf
Eckendorf
Eiborn alias Cabahn
Endenich
Erstorf
Fischel cum annexis
Flamerzheim
Flerzheim

---

[43] »cum annexis retro Munstereifel«

Friesdorf
Frizdorf
Geislahr
Gelsdorf
Gielsdorf
Gimmersdorf
Grau-Rheinborf
Gudenau
Herschell
Holzweiler
Impekoven
Ipendorf
Ippendorf
Kessenich
Kudighoven
Kurighoven
Längsdorf
Leimersdorf
Lessenich
Liessem
Ludendorf s. Lündorf
Lüftelberg
Meckenheim
Medekoven
Meichelshof
Merl
Mestorf
Meutinghoven
Miel
Morrenhoven
Müldorf
Mullendorf
Nettekoven
Niederich
Ober- u. Unterbachem
Oberwesseling

Ockersdorf
Oedekoven
Ollem s. Ollme
Op dem Rötgen
Poppelsdorf
Ramershoven
Rammelshoven
Rheimbach
Rheindorf unter der Brücken
Ringhen
Ringsheim
Roisdorf
Rötgen
Schwarzrheindorf
Siegburg
Sternenburg
Uckesdorf
Udendorf s. Undorf
Udorf
Urfel
Vilich
Wadenheim
Widelich
Witterschlick
Züllighoven

2. Satrapia Godesbergen

Adenau
Ahrweiler
Aldenahr
Bachem über die Ahr
Bettenau
Birgel
Breisich
Brück

Dottendorf

Drachenfeld

Echeuren

Erpel[44]

Godesberg

Heister

Hemmesser

Höningen

Ittenbach

Kesseling

Kirchdung

Kirchlahr

Klein Winteren

Königsfeld retro Sinzig

Königswinter

Kreuzberg

Landesdorf

Leers

Lindt

Marienforst

Marienthal, Cloister

Mehlem

Misenheim

Muffendorf

Neustadt

Nonnenwerth

Ober- und Nieder-Breitbach

Plittersdorf

Pützfeld

Rolandswerth

Rüngsdorf

Sahr

Unkel

Vettelhoven

Vilip

Walporzheim

Wensburg

3. Satrapia Linzensis

Asbach

auf der Hohe

Caspach

Hausen

Lubsdorf

Ockenfels

Ollenberg

Windhæn

4. Satrapia Aldewied

Bullingen

Elsaff

Griesebach Honnschaft

Limbach

Radescheid Honnschaft

Schonenburg Honnschaft

5. Satrape Andernacensis

Kell

Namedii

Neustadt

Niederweiler

Olbrück

Saffig

Walldorf

---

[44] »cum annexis Broichausen«

6. Satrapia Nuerburg

Breitscheider Honnschaft
Bremscheider Honnschaft
Dattenberg
Erpel
Kurtscheid
Lahr
Nieder-Breitbach Honnschaft
Ober-Breitbach Honnschaft
Rosbach Honnschaft
Saffig
Schönstein Herrlichkeit
Selbach
Wissen

7. Satrapia Nurburg

Hodorf
Kaldenborn
Sursch cum annexis
Walldorf bey Ollbrück

C. Verzeichniss der vornehmsten Kirspeln, Dorf- und Ortschaften des Erzstifftes Köln.

{aus alten Urkunde zusammengetragen.}

1	Kempen, Land/Amt	1482
	Arbroick-Oirbroick H[45]	
	Beneradt H	
	Brockhausen H	
	Dorf S. Tonies H	
	Grote H	
	Klein Kempen H	
	Kleine H	
	Schmalbroick H	
	Stadt Kempen H	
	Um Anrodt gesessen H	

2	Amt van Tzulph/Zülpich	1482
	Bessenich	
	Eylvich	
	Geych	
	Voysenich	
	Wylre auf der EvenStadt	

3	Reymbach	1482
	Buschoven	
	Flerzheim	
	Luftelberge	
	Meckenhem	
	Morenhoven	

---

[45] H steht für Honnschaft.

Mutenhoven
Myle
Nederdreyß

| 4 | Amt Oedt | 1559 |

Fest Oede
Unterbroick
Up dem Hagen
Upfeld

| 5 | Amt Liedberg | 1559 |

Fremersdorf
Gestrup
Gissenkirchen D[46]
Holtem D
im Unterbrock D
Karsten D
Keyn D
Kleine-Broick D
Lydburg D
Neerst
Slick

| 6 | Amt Lynn | 1559 |

Boichem
Bosighausen
Buderich
Elverich
Glintholt
Grophusen
Hart
Langst
Lank
Laten

---

[46] D steht für Dorf.

Nederkassel
Oppem
Ossem
Osteratt
Stratem
Strithaven
Strump
Vissel
Wilich

7   Amt Hulkeradt   1559
Angßel D
Auweiler
Belmer
Besth D
Bœtzem D
Büchelmonds K[47]
Dorpspeck
Eckum D
Elfken
Esch
Fritzem D
Fuerdt
Gill D
Juenkaven
Kapellen D und K
Læch
Londrich K
Lüttelgleen
Merkenich D
Netesheim D
Nettesheim K
Nivenhem K
Norf

---

[47] K steht für Kirspel.

Norper K
Nuykirchen
Nuykirchen D
Oeckhaven K
Oelraidt D
Rameraidt
Reistorp
Rommerskirchk.
Rosell K
Sinsteden D
Stræbergh. D
Vankum D
Weckaner D
Weldt D
Wideshoven

8	Amt Urdingen	1559
	Barbecher H	
	Bodberch	
	Kaldenhusen	
	Vencheler H	

9	Amt Erpradt	1559
	Weckaven	

Gräflich land:
Butgen K D
Gleen K

10	Amt Berk	1559
	Hankamerferdel	
	Horsterferdel	
	Issem im Dorf	
	Kampsche Laten	
	Lintloe	
	Meneler K	

Wickradt

11	Amt Lechenich	1559
	Alstetterm	
	Bergerhausen	
	Berren Vædt	
	Blazheim	
	Bolem	
	Borrhe	
	Bruggen	
	Dirmezheim	
	Erpp	
	Gimenich	
	Kenten	
	Knapsack	
	Kottingen	
	Libler	
	Rinxheim	
	Roggendorf	
	Turnich	

12	Amt Aldenar	1559
	Aldenar	
	Alderburg	
	Brück	
	Denn	
	Hoenningen	
	Kesseling	
	Kreuzberg	
	Lierß	
	Pützfeld	
	Reimmershoven	
	Straßfeld	
	Wiedebach	

13	Amt Nurburg	1559

Adenawe
Adorf
Barweiler H
Breisheit
Dhumpelfeld H
Esell H
Herbroich
Hoeffeld H
Horscheit H
Hunnert
Kitenich H
Kottenbor H
Leimbach
Mullenwirf H
Musch H
Nieder-Adenawe H
Pumpf H
Quiddelbach
Reifferscheit   Schultissen-
amt
Rodderen H
Scholt H
Siescheit H
Syllgenbach
Winbach
Winneradt H
Wirf H

D. Verzeichniss der exemten adelichen Sizen und Häusern im Erzstifte Köln.

Verzeichniß der exemten adelichen Sizen und Häusern im Erzstifte Köln

Possessores	Sedes[48]
per Satrapram Andernacensem	
Walpot de Bassenheim	in Olbruggen
Husman	Namedy
Von der Leyen	Saffig
Holdinghausen & Loen	Schweppenburg
per Nurburgum	
Doctor Fabri	Hohenradt
Beissel de Gymnich	per Burglehn Nurburgi
Burscheidt de Burgbroel	Wensburg & Kaldenborn
Bewer	zur Mühlen
per Alten-Ahram	
Quadt	Creuzberg
Gruithausen	Pruck
Puzfeld	Puzfeld & Calmuth
Blankart de Ahrweiler	Sahr & Burglehn ibidem
Steincalefelz	Staffel
per Ahreileram	
Blankart & Weiß	in Ahrweiler
Steincalefelz	per Turrim ibidem

---

[48] Alphabetisch sortiert nach „sedes".

per Vettelhovium

Harf de Drimborn, Ensehringen & Sinzig de Sommersberg	Vettelhoven

per Linzium

Frenz de Gustorf & Matth. Metternich	Dadenberg
Selbach	Lubstorf
Gerolt	zur Leyen

per Alten-Wiedam

Nesselrath zum Stein	Ehrenstein
Hazfeld	Schonenstein
Nesselrath de Ehreshoven	Stockhausen

per Unkelium

Breidtbach	Breidtbach

per Godesbergam & Drachenfelzam

Hillesheimb	Berkum
Hillesberg & Stams	Blitterstorf
Princeps de Croy & Burggrav. de Godenaw	Drachenfelz
Fabritius Canon.	Godesberg
Stein coad. Trcht.	Muffendorf
Randerath	Nesselburg
Walpot de Gudenau	Odenhausen

per Satrapiam Hardensem

Ahr & Eynatten	Antweiler
Putzfeld	Arlouff
P.P.Soc.Monasterii Eiffliæ	Broich
Walpot de Godenaw & Roist	Cochenheim
Werll	Kirspenich
Von der Vorst	Ringsheim
Spies	Sazvey
Gymnich	Vischel & Calmuth
Weix uterque	Weyer

150

per Satrapiam Bonnensem

Hulsmann	Buschborf
Imstenaedt	Derstorf
Scheiffart de Alner	Deustorf
Crummel	Dottendorf
Schall de Bell	Flerzheim & Moren-hoven
Wachtendonk & Hochkirchen	Friestorf
Eynatten	Geisendorf
Horst	Heimerzheim
Geberzhæn	Hemmerich
Walpot de Bassenheim	in Bornheim
Buschmann	Kriegshoven & Balle
Von der Vorst de Lombeck	Luftelberg
Frens de Mattefeld & Boninghausen	Meutinghoven
Metternich de Müllenark	Ramelshoven
Weix	Roesberg & Endenich
Wolf	Roistorf
Gymnich	Schwarz-Rheindorf
Heufft	Sternenburg
Lyskirchen	Transdorf
Blankart de Goehoven	Vylich

per Satrapiam Tolpiacensem

Clauth	Dehmershof
Brassart	Weiler uf der Ebne

per Freishemium

Frens de Stolberg, Judde & Weinmar	Freisheim

per Erpenam

Abb. Sygburg & Frens de Kentenich	Erpp
Belven	Reisholz

per Meyl

Quadt de Wickrath, Emboven & Moniales zum Essig	Meyl
Schellart	Muggenhausen
Hanxler	Muddersheim

per Satrapiam Brulensem

Gymnich de Rollingen	Cleburg
Princeps & Episc. Argentinensis	in Kitschburg
Anstell de Holtorf	Keldenich
Frens & Orsbeck	Kendenich
Bolandt	Kuilseggen
Metternich & Velbrug	Metternich
Zweifel	Palmestorf
Quadt	Rheindorf
Gayll	Ronborf
Schall de Bell	Schwadorf
Siegen & Meyerhoven	Sechten
Hersel & Hertmanni	Vochum
Ordo Melitensis	Weilerswist
Belven	Weiß

per Satrapiam Lecheniensem

Bongart	Bergerhausen dupl.
Commendator in Altenbiensen	Blazheim
Mulstrohe	Boulich
Zweifel	Brüggen
Hall ab Efferen	Busch
Quadt	Buschfeld
Lohe de Wissen	Conradtsheim
Gymnich de Vlatten	Dirmezheim
Frens de Stollberg	Frens
Metternich de Wolf	Gracht
Gymnich	Gymnich
Scheiffart de Merode	ibidem
Bourscheid in Hoengen	Klein Bullesheim

Capit. Ad Gradus[49] Coloniæ	Meckenheim
Schall de Bell & Boulich	Mulheim
Bourscheidt de Burgbroel	Ober-Bullesheim

per Brauweileram

Ordo Teutonicus	in Her-Mulheim
Brassart	Weidestorf

per Glewelium

Hoensbroch	Altenrath
Pfeil de Scharffenstein	Bell & Hornbell
Von Collen	Glewel

per Bedburgum

Ittersheim & Lunink	Fliestetten
Ketzgyn	Gerardshoven

per Satrapiam Hulchradiensem

Anstell	Anstell
Strevesdorf Receptor	Dielrath
Proff	Hæsten
Bourscheidt de Klein-Bullesheim	Hœngen
Laudolf	Leusch
Kessel de Geyen & Hoevelich	Molstorf
Kessel de Hackhausen	Muchhausen
Frens de Kendenich	Neuerburg
Reuschenberg	Selikum
Harf de Landskron	Velbrug

per Hulchradiensem Comitivam

Steprath	Butgen
Brackel	Elvicum
Abb. S. Corn. ad Indam	Gilverath

---

[49] St. Maria ad gradus („Maria zu den Stufen") heißt eine historische romanische Stiftskirche mit eigenem Immunitätsbezirk. Sie lag östlich des Kölner Domes, zwischen Dom und Rhein. Volkstümlich wurde sie St. Mariengraden genannt.

Roist

Abbatissa Novesiensis

Lockengien

Hundt

Glehn

Holtbutgen

Læch

zum Busch

per Zontinam & Woringam

Blittersdorf

Reuschenberg de Setterich

Arft

Heckhof

per Satrapiam Liedbergensem

Holz

Hochkirchen

Frens, Lusdorf & Mirbach

Reven

Frens de Schlenderhæn & Steprath

Hoevelich

Lohausen

Virmund

Metternich de Gracht

Schlickum

Heister

Quadt de Wickrath

Dort

Deuz & Bock

Brackel

Furde

Gustorf

Ingenfeld

Kleinenbroich

Lawenburg

Lovenburg

Nersen

Roede

Schlickum

Steinhausen

Zoppenbroich

zur Horst

zur Koulen

per Odenkircham

Herresdorf

Altenbruck

Frens de Schlenderhæn

Huerdt

Guderath

Mulford

Odenkirchen

Sahr

per Satrapiam Kempensem

Morian

Beverforde

Hochsteden

Roist

Harft, Loen, Wylich

Bisterfeld

Broichhausen

Felde

Gastendonk & Masthof

Huls

154

Efferen cond. Hall
Von der Pforzen
Nivenheim
Hemmerich
Broichhausen
Spee
Weyenhorst

per Oedam

Brienen
Morian
Duicker

per Satrapiam Linnensem

Norprath
Goldstein
Quadt
Backum
Wachtendonk
Vorde
Holthausen
Bawr
Lynzenich
Hell & Clauth
Hell
Reck
Merode

per Satrapiam Urdingensem

Winkelhausen
Preuth
Bernsaw
Loen
Schirp

per Satrapiam Rhenoberkensem

Bockhorst

Moershoven
Niersdonk
Radt
Routenburg
zum Bollwerk
zum Forst
zur Donk

Cloerath
Duickershof
zum Altenhof

Dickhof
Gripswald
Gros-Kolenburg
Hamme
Hulsdonk
Issumerthurn
Klein-Kolenburg
Lathum
Schakum
Solbruggen
Vorwinkel
zum Neuenhof
zum Pesch

Brembthof
Caldenhausen
Dreven
Rædt
ter Arhof

Diepram

Pallandt	Eyll
Newhof	Gelinde
Ræsfeld	Heideck
Affeerde	in Wagenburg
Dort	Issum
Wachtendonk	Langendonk
ter Rhede	Langenhorst
Weverde	Ossenberg
Drost	zur Stege

per Niederboedtbergam

Ingenhof	Castel
Lawick	Wolfskouhl

E. Einteilung der gräflich- und adelichen Sizze des Erzstiftes Köln in ganzhalb und gar nicht steuerfreie.

1. Liste eines hochw. Domkapitels, auch gräf- und adelicher Sizzen, so nach den A[nno] 1669 gemachten Regel Art. 20 entweder gegen einen andern adlichen Siz, oder rechtmäßig adäquirtes Aequivalent in perpetuum völlig zu befreien

Eines hochw. Domkapitels

Friesheim	Artland	177,75
Friesheim	Benden	16,00
Glewel	Artland	240,00
Niehl	Artland	381,50
Niehl	Benden	7,00
Schallmohren	Artland	114,00
Seelsdorf	Artland	76,50
Woringen, ist keine Morgenzahl specificirt	Artland	
Woringen	in antiquo	250,00

Gräfliche Sizze

Bedbur pro Hrn. Grafen zu Salm	Artland	583,00
Bedbur pro Hrn. Grafen zu Salm	Benden	58,00
Erp pro Herrn Grafen zu Manderscheid-Blankenheim	Artland	323,00
Hackenbroich pro Hrn. Grafen von Salm zu Dick	Artland	530,00
Helfenstein	Artland	400,00
Helfenstein	Benden	46,00

Thurm vor der Stadt Arweiler, Fürst von Arschott	Artland	0,00	
Thurm vor der Stadt Arweiler, Fürst von Arschott	Weingarten	6,00	
Thurm vor der Stadt Arweiler, Fürst von Arschott	Wiesen	1,50	
Thurm vor der Stadt Arweiler, Fürst von Arschott	Roggenmühle	6,00	Malter

2. Liste deren adelichen Sizzen, so in perpetuum zu eximiren, mit Designation der Morgenzahl und Appertinentien, wie sie von Alters dazu gehörig gewesen

im rheinischen Oberstifte

Bergerhausen per Bongart Hr. zur Heiden	Artland	244,00	
Bergerhausen per Bongart Hr. zur Heiden	Benden	5,00	
Bergerhausen per Scheiffart zu Almer	Artland	234,00	
Bergerhausen per Scheiffart zu Almer	Benden	2,50	
Bornheim per Wallbot zu Bassenheim	Artland	262,00	
Bornheim per Wallbot zu Bassenheim	Benden	20,00	
Bornheim per Wallbot zu Bassenheim	Mühlen	2,00	Stück
Bornheim per Wallbot zu Bassenheim	Weingarten	8,00	
Breitbach per Breitbach	Artland	27,50	
Breitbach per Breitbach	Benden	6,00	
Burglehn zu Aldenar per Juniorem Blankart	Artland	117,00	
Burglehn zu Aldenar per Juniorem Blankart	Benden	26,00	

Burglehn zu Aldenar per Juniorem Blankart	Weingarten	9,50
Buschfeld per Quadt	Artland	240,00
Buschfeld per Quadt	Benden	31,00
Cleburg p. juniorem Gymnich	Artland	150,00
Cleburg p. juniorem Gymnich	Benden	3,50
Conradsheim per Lohe zu Wissen	Artland	270,00
Conradsheim per Lohe zu Wissen	Benden	60,00
Cuchenheim p. Joh.Dam Walbott Hr. zu Godenaw	Artland	89,00
Cuchenheim p. Joh.Dam Walbott Hr. zu Godenaw	Benden	10,00
Cuchenheim p. Joh.Dam Walbott Hr. zu Godenaw	Artland in acquisitis	8,50
Deustorf per juniorem Scheiffart	Artland	138,00
Deustorf per juniorem Scheiffart	Benden	6,00
Deustorf per juniorem Scheiffart	Weingarten	6,75
Dirmerzheim per Gymnich zu Vlatten	Artland	146,00
Dirmerzheim per Gymnich zu Vlatten	Baumgarten	1,50
Dirmerzheim per Gymnich zu Vlatten	Benden	13,00
Ehrenstein per Nesselrode zum Stein	Artland	62,75
Ehrenstein per Nesselrode zum Stein	Benden	14,25

Erbkammerei Hemmerich per Frenz Domherrn zu Hildesheim	Artland	48,00	
Flerzheim per Schall	Artland	147,00	
Flerzheim per Schall	Benden	1,50	
Friesheim per Hoheneck	Artland	157,00	
Friesheim per Hoheneck	Benden	10,00	
Friesheim per Hoheneck	ergo in acquisitis	35,00	
Gracht per Wolf-Metternich	Artland	170,00	
Gracht per Wolf-Metternich	Benden	20,00	
Groß-Bullesheim per Burscheidt	Artland	165,00	
Groß-Bullesheim per Burscheidt	Benden	22,00	
Gymnich zu Gymnich	Artland	238,00	
Gymnich zu Gymnich	aus den Bruchen	16,00	
Gymnich zu Gymnich	Benden	20,00	
Kendenich per Frenz daselbst	Artland	241,00	
Kendenich per Frenz daselbst	Benden	8,00	
Kendenich per Frenz daselbst	Weingarten	5,75	
Kizburg zu Walberberg im Amt Bruel per Wolfskehl modo Ihre Fürstl. Gn. Hr. Bischoff zu Straßburg	Artland	97,00	
Kizburg zu Walberberg im Amt Bruel per Wolfskehl modo Ihre Fürstl. Gn. Hr. Bischoff zu Straßburg	Weingarten	1,25	
Kizburg zu Walberberg im Amt Bruel per Wolfskehl modo Ihre Fürstl. Gn. Hr. Bischoff zu Straßburg	Mühle	1,00	Stück

Klein-Bullesheim per Bur-scheid	Artland	170,00
Klein-Bullesheim per Bur-scheid	Benden	22,00
Miehl per Quadt	Artland	79,00
Miehl per Quadt	Benden	17,50
Mulheim per Schall	Artland	150,00
Mulheim per Schall	Benden	16,00
Mulheim per Schall	Benden in acquis.	19,00
Munchhausen per Schellart	Artland	150,00
Munchhausen per von der Ley zu Adendorf, vigore attestati iudicialis		211,00
Munchhausen per von der Ley zu Adendorf, vigore attestati iudicialis	in untüchtigen He-cken und Weide-land	28,00
Neßelburg per Randenrath	Artland	36,00
Neßelburg per Randenrath	in acquis.	14,00
noch eine Mühle	Artland	19,00
noch eine Mühle	Benden	2,00
Odenhausen per Otto Wer-ner Walbot	Artland	194,50
Odenhausen per Otto Wer-ner Walbot	Benden	8,00
Püzfeld per Puzfeld	Artland	73,00
Püzfeld per Puzfeld	Weingarten	5,00
Rammelshoven per Metter-nich zu Mülenark	Artland	92,00
Rammelshoven per Metter-nich zu Mülenark	Bongart/Benden	9,50
Roesberg per Jägermeistern Weix	Artland	173,00
Roesberg per Jägermeistern Weix	Weingarten	3,00
Stockhausen per Nesselrath zu Ehreshoven	Artland	71,00

Stockhausen per Nesselrath zu Ehreshoven	Benden	17,00
Stozheim per Beissel	Artland	201,00
Stozheim per Beissel	Benden	6,00
Thurm in Arweiler per Blankart in Arweiler…	Artland	234,00
Thurm in Arweiler per Blankart in Arweiler…	Benden	2,25
Vettelhoven per Sinzig	Artland	73,00
Vettelhoven per Sinzig	in acquis.	31,00
Vetttelhoven per Harf zu Drimborn	Artland	73,00
Vischell per Gymnich	Artland	71,50
Vochem per Hersel	Artland	219
Vochem per Hersel	Baumgarten	22,00
Vylick per Blankart	Artland	120,00
Vylick per Blankart	Benden	9,00
Vylick per Blankart	Weingarten	3,00
Weilerswist per Maltheser-Orden alias Scheiffart	Artland	294,00
Weilerswist per Maltheser-Orden alias Scheiffart	Benden	19,00
Wensberg per jun. Burscheid	Artland	88,00
Weyer per jun. Weix	Artland	72,00
Weyer per jun. Weix	Benden	15,00

im Nieder-Erzstifte

Brochhausen per Bevervör-den	Artland	29
Brochhausen per Bevervör-den	Benden	3
Fleckenhaus zu Glehn per Roist zu Cuchenheim	Artland	247
Fleckenhaus zu Glehn per Roist zu Cuchenheim	Benden	26

Frenz per Herrn zu Frenz und Quadrath	Artland	197	
Frenz per Herrn zu Frenz und Quadrath	Benden	361	
Frenz per Herrn zu Frenz und Quadrath	Mühle	1	Stück
Fürth per Hochkirchen	Artland	174	
Fürth per Hochkirchen	in antiquis	160	
Gastendunk per Erbg. Roist	Artland	20	
Gastendunk per Erbg. Roist	Benden	8,5	
Gerarzhoven per Kezgen	Artland	312	
Griebswald Amts Lynn per Goldstein	Artland	79	
Gustorf per Mirbach	Artland	143	
Gustorf per Mirbach	Benden	7	
Gustorf per Virmund modo Frenz	Artland	117	
Gustorf per Virmund modo Frenz	in antiquo	60	
Hülsdunk per Wachtendunk senior	Benden	42,5	
Kaldenhausen per Preut	Artland	66	
Kleinenbroich Amts Liedberg per Frenz zu Schlendern	Artland	104	
Kleinenbroich Amts Liedberg per Frenz zu Schlendern	in antiquo	80	
Langendunk per jun. Wachtendunk	Artland	50	
Molzdorf per Hoeveling und Kessel	Artland	353	
Molzdorf per Hoeveling und Kessel	Benden	3,5	
Nersen per Porzen	Artland	62	
Nersen per Porzen	Benden	1,25	

Nersen per Virmund	Artland	192,5	
Nersen per Virmund	Benden	33	
Nersen per Virmund	Wassermühle	1	Stück
Nersen per Virmund	Oehlmühle	1	Stück
Neurburg per Frenz Dom-herrn zu Münster	Artland	471	
Neurburg per Frenz Dom-herrn zu Münster	Benden	92	
Roth im Amt Liedberg per Stallmeister Metternich	Artland	147	
Roth unter Urdingen per Lohn	Artland	100	
Rund per Nivenheim	Artland	100	
Schackum per Hall zu Busch	Artland	168,5	
Schlickum per Reuschen-berg	Artland	390	
Zoppenbroich per Quad	Artland	60	
Zoppenbroich per Quad	Benden	96	

3. Liste deren im oberen Erzstifte gelegener adlicher Sizzen, so zwar in perpetuum zur Halbscheid anzuschlagen, im übrigen aber ihre Prärogativ mit Landtagsbeschreibungen und sonsten behalten

	per …
Aldenar	Hundsbroich zu Glewel
Arweiler, zu	Marsilium von Weiß
Balle	Kanzler Busch-mann
Bell	Pfeil
Bergerhausen	Bongart
Berkum	Hillesheim
Blazheim	Altenbiesen
Blittersdorf	Streithagen modo Hillensberg

Boulich	Müllenstrohe
Broich	P.P. Societ. zu Münster-Eiffel
Büstorf	Hülsmann
Creuzberg	Quad
Dadenberg	Metternich zu Niederberg modo Matheis Koch
Dottendorf	Crummel
Endenich	Weix
Erb	Prälat von Siegburg
Fliesteden	Iversheim
Friesheim	Wimmar
Füssenich	Claut
Giesendorf	Gail
Glewel	Collen
Gracht	Dommershof
Gudesberg, in	Meckenheim modo Canonicum Fabritius
Hemerzheim	Horst
Hemmerich	Geverhagen
Hohen-Raderhof	Daun modo Licent. Fabri
Horbell	Pfeil
Kirspenich	Werl
Kriegshoven	Kanzler Buschmann
Kühlsbeck	Boland
Ley, zur	Gerolt
Lüftelberg	Schall modo Lumbeck
Lüstorf	Seelbach
Meckenheim	Meckenheim modo Cap. ad Gradus B.M.V.

Metternich	Metternich zu Niederberg modo Matheis Koch
Metternich	Vellbrück
Meutinghoven	Böninghausen
Meutinghoven	hæredes Franz zu Mattenfeld
Miel	Dunkel modo Kloster Eßig
Miel	Hezingen modo Embaven
Müddersheim	Hanxler
Muffendorf	Gruithausen
Mühlen, zur	Metternich modo Wilh. Brewer
Mülheim	Boulich
Namedi	Hußmann modo Solemacher
Nieder-Bollheim	Hompesch
Pruck	Gruithausen
Rheindorf	Quad
Rheineck	Warsberk modo Grafen zu Sinzendorf
Rhondorf	Geil
Ringsheim	Lombeck
Rochhof zu Erp	Bellinghausen
Roistorf	Wolf
Schönenstein	Hazfeld
Schwadorf	hæredes Schall
Sechtem	Siegen
Sechtem	Elferen modo Weierhoven
Sternenburg	Heust
Thurnhof zu Plittersdorf	Stamm
Transdorf	Lyskirchen

Vettelhoven	Weiß
Vochem	Dr. Hertmanni
Weiler auf der Eben	Brossart
Weiß	Bellinghausen
Weyer	jun. Weix, der andere adeliche Siz

Im niedern Erzstifte

	per …
Aldenhof bei Oedt	Ducker
Anxtel	Anxtel
Arff bei Worringen	Plittersdorf
Bisterfeldshof	Morian
Bollwerk	Broichhausen
Bremder-Haus in Urdingen	Winkelhausen
Brockel	Erbg. Holz
Broich bei Wevelinghoven	Hundt
Broich bei Wilich	Offenberg
Cloradt im Amt Oedt	Brimmen
Dickhof	Norprath
Diebrahn bei Rheinberg	Dr. Bockhorst
Dielrath	Strevestorf
Dreven bei Urdingen	Bernsau
Dückershof	Morian
Dunk	Weidenforst
Elfkump im Gräflichen	Wittib Brockels
Eyl im Amt Rheinberk	Boland
Fliesteden	Ittersheim
Fliesteden	Lünink
Guderath	Nievenstein
Hamm	Backum
Harbers-Hof	Clauth
Harstuden	Erbg. Pruff
Heideck	Raeßfeld
Holtbürger-Haus	Abbatissam zu Neuß

Horst	Hall modo Spee
Horst bei Liedberg	Dorth
Huckhof bei Zons	Reuschenberg
Ingenfeld	Reven
Issemoir-Thurm	Würde in Linn
Issum	Dorth
Kaulen, zur	Deutsch
Kleinbroich	Steprath
Kollenburg, Groß- und Klein	0
Lach im Gräflichen	Lackingen
Langenhorst im Rheinberg	Peter Rhede
Lauenburg	Lohehausen
Lossel	Ingenhof
Lothum	Bauer
Lusch	Laudorf
Mühlfahrt	Aldenbrück
Muyckhausen Amts Hülchradt	Kessel
Neuenhof	Reck
Ossenberg	Wehvort
Pesch Amts Linn	Merode
Rautenburg	Hemmerich
Saar in Odenkirchen	Oversheiden
Schlicken	Schlickum in Schleich
Schrammenhof zu Bütgen im Gräflichen Sollbruggen	Steprath
Stege	Drost
Steinhausen	Heister und Widen-horst
Trarhof	Commendeur Schirp
Vorwinkeler-Hof bei Wilich	Heel
Wagenburg	Offerde

Welburg	Harf zu Geilenkir-chen
Widesdorf	Brassart
Wolfskaul	Lauwick

4. Liste deren gräf- und adelichen Sizzen, welche nach der A. 1669 gemachten Regul forthin in perpetuum anzuschlagen, und gleichwohl ihre hergebrachte Prärogativ und Freiheit mit Landtagsbeschreibungen und sonst behalten sollen

Gräfliche

Alfter	Graf zu Salm
Alpen	Graf zu Bentheim
Lawendahl	Hern. Wallenburg
Wevelinghoven	Graf zu Bentheim

Adeliche im Obererzstifte

Arlof	Püzfeld
Arweiler	Harf zu Drimborn
Brüggen	Zweifel zu Pal-merstorf
Büsch	Hall zum Büsch
Callmuth	Gymnich zu Vischel
Cuchenheim	Püzfeld
Dadenberg	Frenz zu Gustorf
Drachenfelz	Walbott zu Gu-denau
Erb	Franz zu Kendenich
Fürth	Wolf-Metternich zur Gracht
Godenaw	Walbott zu Godenaw
Höningen	Burscheid zu Klei-nen-Büllesheim
Morenhoven	Schall zu Flerzheim

169

Nurburg, Burglehen	Beissel zu Stozheim
Pesch	Randerath zu Nes-selburg
Saar	Blankart
Stapfel	Stein-Kallenfelz

im niederen Erzstifte

Alten-Lawenburg	Hoevelich
Masthoven	Roisten Erben
Morßhoven	Hall zum Busch
Odenkirchen	Frenz zu Schlen-dern

<191>

F. Verzeichniss der erzstiftischen Lehen

Vermischte Lehen

Possessores	Feuda
Anstel	Synsteden
Baur	Lathum
Beissel	Gilgenbach
Belven	Weiß
Bernsau	Dreven
Bewer	Zur Muhlen
Blankart	Effenberg
Blankart	Eichhoff
Blankart de Arweiler	per Ahr & Altenahr
Blittersdorf	in Arft
Blittersdorf	Sulzhof
Blittersdorf & Rotkirchen	Freimersdorf
Bongart	Bergerhausen
Boulich	in Adenaw
Breitbach	Breitbach
Brembt	Engershof
Brewer	Ripgenshof prope Nurberg
Bruggen	Wachenbroch
Burscheid	Kaldenborn
Buschmann	Kriegshoven
Clauth	Boechum
Clauth	Grachterhof
Comes de Bentheim	in Alpen
D. Goldschmied	Vogelsang
Damwiz	Ergenhof
Deuz	Zur Kouhlen
Dort	Zur Horst
Ducker	Hoverhof

171

Eynatten	in Antweiler
Frens	Dadenberg
Frens & Mirbach	Gustorf
Frenz	Newerburg
Goldschmied	Eckenhof
Goldschmied, hæredes	per domum Novesii aufm Friedhof
Goldstein	Gripswald
Gymnich	Gymnich
Gymnich	Leuchtenberg
Gymnich & Wenz	in Altenar
Hagens	p. S. Antonii Capellam
Halt	Morshoven
Hanxler	Horsterhof
Hanxler	Muddersheim
Harf, Sinzig, Weiß	Vettelhoven
Hausmann	per Andernacum
Hausten	Breitscheidt
Heiden	Bollheim
Hell	Solbruggen
Hochsteden	Felde
Hoevelich	Flachshof
Hoevelich	Lawenburg
Holz	Brackel
Horst	Heimerzheim
Hulsken	Weyerbach
Hundt	Busch
Hundt	Zur Stessen
Item Brochscheid, Binsheim, Barstmanshof	Zur Blomen
Ketzgin	Dirmezheim
Ketzgin & Carthusia	Cardorf
Ladolf	Belmering
Laudolf	Leusch
Ley	Munchhausen
Loen	Raedt prope Urdingen

172

Lohausen	Löwenburg
Lohe	Conradsheim
Lymbach	in Altenweba
Metternich	Forst
Metternich	Roede prope Liedberg
Mirbach	Bacholterhof
Monaster zur Weiden	Bischerhof
Morian	Bisterfeld
Munch	Lovenheim
Nesselrath	Ehrenstein
Nivenheim	Ræth prope Kempen
Norprath	Dickhof
Norprath	Hahnerhof
Offenberg	Hungerpesch
Pforz	Niersdonk
Pforzen	Genneperhof
Preuth	Angenhorst
Preuth	Issumerthurm
Quadt	Buschfeld
Quadt	Creuzberg
Quadt	Kolenburg
Quadt	Kamperdonk
Quadt	Item Kellenheim, Kusterhof, Korne
Quadt	Meyl
Rasfeld	Heideck
Rasfeld	Haushof
Reuschenberg	Mehrhof
Reuschenberg	Decima in Metternich & Meyrath
Schall	Morenhoven
Schick	Graffschaftshof
Schlickum	In Schlickum
Virmundt	Zur Nerssen
Von der Forst	Lüftelberg
Wachtendonk	Hülsdonk
Walpot	Bornheim

Walpot de Goudenaw	Cochenheim
Wenz	Krumbach
Wenz	30 iugera in Kendenich
Wenz	p. MockenheimerHof
Westrem	Harbuschhof
Weyenhorst	Donk

Mann-Lehen

Die Herrschaft Bedbur
Herrlichkeit Hackenbruch
Hof Morick
Hof Garstorf
Haus Hönningen
Haus und Herrschaft Odenkir-
chen
Kenten und Quadrath
Haus Brücken
Das zum Thurm bei Arweiler
Haus, Herrlichkeit und Burg-
grafschaft Rheineck
Das Haus Newhof bei Lynn
Die Herrlichkeit Erpp
Haus und Backenhof in Lynn
Die oberste Olbrückische Ors-
berkische Burg
Die zwei Steinhäuser, Haus,
Hof und Lehen bei Liedberg
Haus und Herrschaft Lösenich
Haus Birgel
Haus zu Cochenheim cum per-
tinentiis, damit der v. Roist be-
lehnet
Erbhofmeister-Amt

Das Knöden-Lehen bei Mehlheim und im Ländlein Drachenfels gelegen	
Das Kreutners-Haus und Lehngut zu Zeltang	
Der Hof zum Hann bei Jüchen gelegen	
Der Blumer-Hof zu Lüttelgleen gelegn	
Rosperg	Weix
Liblar	Metternich
Beide Lehen zu Weier	
Beide Lehen zu Weix	
Haus Dadenberg	Lülsdorf
Trevelsdorf	Graf von Blankenheim
Sazfey, Gericht und Vogtei daselbst	Spies
Haus Schönenstein	Hatzfeld
Falkensteinisch Weinlehen zu Zeltang	
Manderscheidisch Weinlehen zu Zeltang	
Walportisch Weinlehen daselbst	Königsfeld
Lehen zu Elsken	Brachel
Haus und Herrlichkeit zu Westerholt	
Zoppenbruch	Quadt
Lüttinger Hof	Nesselrath
Hof Dorsfeld	Borscheidt
Wolfkehlisch Lehen zu Aldenar und Nurburg	
Haus und Hof Crey	Weisweiler
Die Vogtei zu Misenheim	Hausman
Das Haus Bergerhausen	

Die Salzmüdder-Aemter in Köln	
Die Fahr-Aemter in Köln	
Die Herrschaft Tomberg	Quadt
Das Haus Leien bei Linz	Gekolt
Das Haus Langendunk	Wachtendunk
Das Haus Rinxheim	Lombeck
Das Lehen Helterberg	
Der Hof Lüvelheim unter Liedberg	Münch
Nersdun und Windhagen	Nievenheim
Kämmerei Bachum oder Hemmerich	Frenz
Wenigen Aldendorf	
Kehlzehend, Drittentheil	Clauth
Alken	Weisweiler
Drachenfelz	
Erbvogtei	
Helfenstein	
Mittelwerth	
Halbscheid des Hundter Lehens	
Sickenbeck	

Verzeichniß der Besizzer jener Güter im Erzstifte Köln, welche zum Landtage qualificiret sind

	wegen
Ihre Kurfürstl. Gnaden	Odenkirchen
Herzog zu Arenberg und Croy	des Thurms bei Arweiler
Sigismund Graf zu Salm	Bedbur
Franz Graf zu Salm	Alfter

176

Joseph Graf zu Salm	Hackenbroich
Sigismond Graf zu Salm	Erpp
Ludwig Engelbert Graf von der Mark	Sassenburg
Mauriz Casimir Graf Bentheim, Tecklenburg und Steinfurt	Wevelinghoven
Item	Helfenstein
Friedrich Karl Graf zu Bentheim, Tecklenburg und Steinfurt	der Erbvogte Köln
Christian Graf zu Bentheim, Tecklenburg und Steinfurt	Alpen

Amt Andernach

Philipp Antoy Wallbot von Bassenheim zu Olbrug Erben	Olbrück
Franz Hugo Everhard von Dalwigk	des Schillings-Hofs in Andernach
Des abgel. Aug. Wilh. Freihrn von Metternich zu Wehrden und Gracht hinterlassene Erben	eines Rittersizzes zu Andernach
Prosper Reichsgraf zu Sinzendorf, Burggraf zu Rheineck etc.	Rheineck
Karl Kaspar Grafen von der Leyen hinterlassene Erben	Andernach
Idem	Saffig
Kaspar Franz Edmund von Bourscheid	Andernach
Des abgel. Obristkämmerern Friedr. Franz Fhrn von Breitbach zu Bürresheim Nachgelassene Erben	Andernach
Engelb. Maria Ant. Fhr. von Wrede zu Melschede, Domkapitular zu Hildesheim	Namedy

Amt Arweiler

177

Des abgel. Gener. Lieut. und Vogts zu Arweiler Friedr. von Wenge etc. nachgelassene Erben	Arweiler
Abt zu Steinfeld	eines Staffelthurms zu Arweiler
Joh. von Harfs zu Drimborn nachgelassene Erben	Vettelhoven
Obrist-Silberkämmerer Clem. Aug. Fhr. von der Vorst Lombeck zu Gudenau	Vettelhoven
Joh. Heinr. von Sinzig zu Soennersberg hinterl. Erben	Vettelhoven
Joh. Herm. Dam. von Vlatten zu Drove	eines Rittersizzes zu Arweiler

Amt Aldenar

Ferd. Ernst von Dalwig zu Liechtenfels	des Burglehns zu Aldenar
Max Fhr. von Belderbusch zu Tekworm und Miel, Pfälzischer Kämmerer	Brück
Bertram Dietr. von Friemersdorf gen. Püzfeld hinterlassene Erben	Püzfeld
Hofr. Präsid. Karl Otto Theodat Fhr. von und zu Gymnich	Vischel
Otto Ludw. von Blankarts Erben	Sahr
Amalia Gräfinn von Sazenhoven	Kreuzberg

Amt Nurburg

Bertram Beissel von Gymnich zu Schmidheim	des Burglehn zu Nurburg
Kammergerichts-Assessor Arnold Heinrich Joseph Cramer von Clauspruch	Mühlen
Doct. Joh. Daniel Fabri Erben	Hohenrath
Kasp. Franz Edmund von Bourscheid zu Burgbroel	Kaldenborn

Amt Linz

Des abgel. Obristkäm. Friedr Franz Fhr. von Breitbach zu Bürresheim hinterl. Erben	Breitbach
Inhaber zu	Dadenberg
Mattheiß Metternichs Erben	Dadenberg
Des abgel. Joh. Wilh. Grafen von Nesselrode und Reichenstein hinterl. Erben	Ehrenstein
Konrad von Selbach gen. Quadt Vasal	zu Leubsdorf
Ferd. Franz Stephan von Gerolt	Ley bei Linz
Des abgel. Obrist-Marschall Grafen von Hatzfeld nachgel. Erben	Schönestein
Des Graf Joh. Wilh. von Nesselrode und Reichenstein hinterl. Erben	Stockhausen

Amt Zülpich

Joh. Adam Heinr. von Efferen gen. Hall zum Busch Erben	Busch
Adolph von Kauth	der Gracht oder Demmerhof
Franz Brassarts nachgelassene Erben	Weyler auf der Ebben

Amt Hardt

Wilh. von Ahr zu Antweiler	Antweiler
Karl Brewer	Arlof
Inhaber des Hauses	Broich
Lothars Friedr. Ad. Fhr. von Bourscheid zu Büllesheim und Wensberg hinterlassene Erben	Wensberg

Phil. Ant. Dam. Fhr. von Bourscheid zu Büllesheim und Wenßberg hinterlassene Erben	Groß-Büllesheim
Heinr. Ludw. von Bourscheid hinterl. Erben	Klein-Büllesheim
Joh. Hilger Dahmen	Callmuth
Geheimrath Herm. Franz Liborius von Braumann zu Selikum	Cochenheim
Karl Georg Anton Fhrn von der Vorst zu Lombeck und Lüftelberg nachgel. Erben	Ringsheim
Joh. Niklas Werl Erben	Kirspenich
Hofr. Præsid. Karl Otto Theod. Fhr. von und zu Gymnich	Satzfey
Idem	Callmuth
Bertram Beissel von Gymnich zu Schmidheim	Stotzheim
Ober-Jägermstr. Ferd. Jos. Fhr. von und zu Weichs, Rösberg und Weyer	Weyer
Idem	des andern adelichen Sizzes zu Weyer
Dietrich Fhr. von Quæd zu Landskron und Tumberg	Thumberg
N. Fhr. von Keverberg	Cochenheim

Amt Bonn

	wegen …
Kämmerer Anton Fhr. von Belderbusch	Balle
Obrist Silberkämmerer Clemens August Fhr. von der Vorst Lombeck zu Gudenau	Berkum
Landkommissar Clemens August Fhr. Wallbot Bassenheim zu Bornheim	Bornheim

Idem	Buschdorf
Idem	Dersdorf
Des abgel. Hofr. Franz Steph. Embaven nachgel. Erben	des Köckelguts zu Miehl
N. Fhr. von Belderbusch	des Thurmhofes zu Friesdorf
Joh. Friedr. Fhr. de Cler nachge. Erben	des Thurms zu Plittersdorf
Franz Wilh Selner	Dottendorf
Ober-Silberkämmerer Clemens Aug. Fhr. von der Vorst Lombeck zu Gudenau	Drachenfels
Kanonich Everhart de Grote	Dransdorf
N. Fhr von Belderbusch	Düsdorf
Geheimrath Jos. Clem. Lapp nachgel. Erben	Endenich
Max Heinr. Schall von Bell nachgel. Erben	Flerzheim
Herman Arnold Frhr. von Wachtendonk	Friesdorf
Idem	Gudenau
Dan. Franz Hebbesturms Erben	Gudesberg
Pfälzischer Kämmerer Max Fhr. von Belderbusch zu Terworm und Bertolshoven	Heimerzheim
Hamprecht von Geverzhagen	Heimerzheim bei Cadorf
Obrist-Kammerer Jos. Clem. Fhr. von der Vorst zu Lombeck und Lüftelberg	Lüftelberg
Joh. Friedr. Fhrn. de Cler nachgel. Erben	Meckenheim
Des abgel. Franz Steph. Embaven nachgel. Erben	Miehl
Meisterinn und Conventualinnen des Klosters Eßig als Inhaberinnen des Kockelguts zu	Miehl

Pfälzischer Kammerer Max Fhr. von Belderbusch	Miehl
Max Heinr. Schall von Bell nachgel. Erben	Morenhoven
N. von Gruithausen	Muffendorf
Joh. Laur. Fhr. von Schiller zu Wartenau hinterl. Erben	Müggenhausen
Karl Kasp. Grafen von der Leyen nachgelassene Erben	Münchhausen
Zacheus Zerres	Müttinghoven
Kämmerer Friedr. Rudolph Fhr. von Boenen	Müttinghoven
Meisterinn und Conventualinnen des Klosters Rolandswerth	Nesselburg
Ober-Silberkämmerer Clem. August Fhr. von der Vorst Lombeck zu Gudenau	Odenhausen
Freiherr von Belderbusch zu Miehl	Plittersdorf
Idem	Roistorf
Joh. Friedr. von Metternich zu Müllenark	Rommelshoven
Hofrathspräsident Carl Otto Theodat Fhr. von und zu Gymnich	Schwarz-Rheindorf
Ferd. Franz Stephan von Gerolt	Sternenburg
Abtißinn Carolin Gräfinn von Sazenhoven	Vylich

Amt Lechenich

Des Hoffr. Draensdorf hinterlassene Erben	Altenrath bei Glewel
Otto Werner von Bungart Erben	Bergerhausen
Bertram Scheiffard von Merode	Bergerhausen

182

Staatsminister Fhr. von Belderbusch, Land-Kommendeur zu Altenbiesen	Blazheim
Heinr. von Olmissen gen. Mülstroch	Boulich
Joh. Wilh. Karl Fhr. von Zweiffel	Brüggen
Joh. Werner Fhrn. von Quadt zu Buschfeld Erben	Buschfeld
Degenhart Bertram von Lohe zu Wissen	Conradsheim
Idem	der Burg zu Bergerhausen
Joh. Theod. Anton Engelberg	des Rockhöf zu Erp
Des abgel. Obrist-Marschalls Karl Ferd. Grafen von Hatzfeld nachgel. Erben	des Scherfgensgut zu Erp, nunmehr Zweifelshof
Abt des Gotteshauses Altenberg	Dirmerzheim
Abt des Gotteshauses Siegburg	Erp
Franz Hugo Edmund Fhr. Beissel von Gymnich zu und	Frens
Franz Hieronim. von Weymar	Friesheim
Des abgel. Weltl. Hofgerichtspräsidenten Thomas von Quentel nachgel. Erben	Friesheim
Joh. Wilh. von der Jüdden Erben	Friesheim
Des abgel. Vice-Hofraths-Präsidenten Frhn. Jos. Grafen Wolf Metternich zur Gracht nachgel. Erben	Gracht
Hofraths Präsident Karl Otto Theod. Fhr. von und zu Gymnich	Gymnich
General-Einnehmer Fhr. von Geyr zu Schweppenburg	Müddersheim
Otto Degenhart Schall von Bell	Mülheim
Phil. Wilh. von Boulich	Mülheim

Domherr zu Halberstadt Joh. Hugo Franz Karl von und zu Leerode	Nieder-Bolheim

Amt Bruel

Constantin Scharfenberg gen. Pfeil	Bell
Kasp. Franken von Sierstorf	Bellbrück zu Metternich
Hofr. Praesid. Karl Otto Theod. Fhr. von und zu Gymnich	Cleburg
Des abgel. Vice-Hofr. Prasid. Franz Jos. Wolf Metternich zur Gracht hinterl. Erben	Fischenich
Des N. Geil Erben	Giesendorf
Domkapitel zu Köln	Gleuel
Ferdinand Rensing Erben	Hemmerich
Idem	Hornbell
Inhaber zu	Keldenich
Jakob de Groot	Kendenich
Franz von Quentel	Kißburg zu Walberberg
Ferd. Jos. Beywehg	Krieshoven
Joh. von Mammet gen. Boland Erben	Külseck
Domkapitular zu Trier Joh. Sigism Fhr. von Quaed	Lündorf
Max Heinr. von Schönheim Erben	Metternich
Des von Quad zu Rheindorf Erben	Rheindorf
Oberjägermstr. Ferd. Jos. Fhr. von und zu Weichs	Roesberg
Des von Weichs zu Röndorf Erben	Röndorf
Joh. Wilh. Schall von Bell	Schwadorf

Bonifaz von Siegen	Sechten
Inhaber des Hauses zu	Sechten
Münsterscher Gen.Lieut. N. Fhr. von Stael zu Stutthausen, als Inhaber des Saalweider oder Drenker-Hofs zu	Sechten
Des abgel. Kämmerer und Amtmann zu Zülpich von Hersel zu Vochum nachgel. Erben	Vochum
Michæl Hartmanni Erben	Vochum
Joh. Reinhard von Lützerath zum Vorst Erben	Vorst
Joh. Friedr, von Lützerode zu Rath	Weilerswist
Joh. Bellinghausen	Weiß
Agatha Wittwe de Groot	Widersborf

Amt Hülchrath

Joh. Adolph von Siegerhoven gen. Anxtel	Anxtel
Phil. Sigism. Fhr. von Wrede zum Lohe Erben	Arft
Wirich Wilh. von Hund zum Hund	Busch
Martin Heinr. Strevesdorfs Erben	Dielrath
Des abgel. Geh. Raths Jos. Clem. Lapp hinterl. Erben	Elften
Kämmerer Ludw. Joh. Wilh. von Kalkum gen. Lohausen	Glehn
Domkapitel zu Köln	Heckhof
N. Proffs Erben	Hofen
Conr. Dietr. von Bourscheid	Hönningen

N. von Steprath zum Kleinenbroich	Kleinenbroich
Jakob von Loquenheim zum Lach	Lach
Hofkammerrath Bernard Adrian Pang zum und	Leusch
Geh. Rath Ferd. Heinr. Fhr. von Cortenbach nachgel. Erben	Mölsdorf
Bernh. Everh. von Büllenberg gen. Kessel zu Hackhausen	Mückhausen
Mainzischer Hofr. und Kammerer Karl Franz Fhr. von Forstmeister zu Gelnhausen	Neuerburg
Landrentmstr Herm. Franz Libor von Braumann zu und	Sillikum
Werner Friedr. von Vellbrück zu Dreiborn	Velbrück

Amt Bedbur

Joh. Werner von Gras	Fliesteden
Kämmerer Anton von Belderbusch	Fliesteden
Wessel Wirich von Bodelswing zu Gerreshoven	Gerreshoven

Amt Liedberg

Fhrn. von Frens Erben	Alten-Lawenburg
Wilh. von Steprath	Bütgen
Godfr. Adolph von Mirbach zu Gustorf	des Schillingsgut zu Gustorf
Anton von Holz	Drackel
Adolph Fhr. von Hochkirchen Erben	Fürth

Godfr. Bertr. Herrestorf Erben	Guderath
Obrist Jos. Graf von Salm zur Dick	Gustorf
Landkommendeur der Ballei Koblenz Jobst Mauriz von Droste	Gustorf
Joh. Andr. Adolph von Dorth zur Horst	Horst
Des abgel. Generaleinnehmer Rudolph Adolph von Geyr zu Schweppenburg und Müddersheim nachgel. Erben	Ingenfeld
Hieron. Keiz von Frens zu Kleinenbroich	Kleinenbroich
Abt zu Knechtsteden	Koulen
Franz Jos. Herrestorf	Lauenburg
Wilh. von Aldenbrück	Müllfahrt
Des abgel. Grafen von Virmont zu Nerße und Anrath nachgel. Erben	Nerßen
Des abgel. Vice-Hofr. Präs. Franz Jos. Graf Wolf Metternich zur Gracht nachgel. Erben	Rath
Dieterich von Fürth zu Sahr	Sahr
Heinr. Albrecht von und zu Schlickum	Schlickum
Wilh. Hauberath Erben	Steinhausen
Des abgel. Grafen von Virmont zu Nerßen und Anrath hinterl. Erben	Zoppenbroich

Amt Lynn und Urdingen

N. von Winkelhausen	des Bremberhofs zu Urdingen
Franz Friedr. von Norprath	Dickhof

187

Des abgel. Grafen von Virmont etc. nachgel. Erben	Dorhof oder Klein-Kollenburg
Inhaber des Hauses	Dreckem
Joh. Wilh. von Goldstein	Gripswald
Wilh. Jos. von Hertmanni	Groß-Kollenburg
Franz Heinr. von Backum	Hamm
Reinard von Prund zu Kalden-hæn	Ismarthurn
Reinard von Prund zu Kalden-hæn	Kaldenhausen
Franz von Baur	Lathum
Hofkammerrath Joh. Godfr. von Mastiaux	Neuhoven
Matthias Gerh. Fhr. von Hoesch	Pesch
Des abgel. Kämmerers Joh. Wernh. von Loen zu Rath nachgel. Erben	Rath
Des abgel. Geh. Raths Ferd. Heinr. von Cortenbach nachgel. Erben	Schackum
Joh. Wilh. von der Hollen	Sollbrücken
Obriststallmeister und Commendeur zu Muffendorf Karl Franz von Forstmeister zu Gelnhausen	Trarhof

Amt Kempen

Ferd. von Aschenbroich	Bisterfeldshof
Walter von Broichhausen zum Bollwerk	Bollwerk
Des abgel. Grafen von Virmont etc. nachgel. Erben	Brochhausen
Heinr. von Ossenberg Erben	Broich

Joh. Sibert von Weyenhorst zur Dunk	Dunk
Tobias Awer	eines Spließes auf der Dunk
Phil. Karl von Hochsteden	Feldte
Friedr. Roist von Wers Erben	Gastendunk
Adam Heinr. von Efferen gen. Hall Erben	Horst
Inhaber des Hauses und Herrlichkeit	Hülß
Jakob Gehnen	Masthoven
Karl von Efferen gen. Hall	Morshoven
Pfälzischer Gen. Lieut. Wilh. Graf von Efferen	Nerßdunk
Franz Ignaz von Büllingen	Rath
Matth. Gerh. Fhr. von Hoesch	Rautenberg
Christian Hoff nachgel. Erben	Steinfundern

Amt Oedt

Des abgel. Geh. Raths von Merle nachgel. Erben	Altenhof
Ambros. Franz. Graf von Spee	Clenrath
Gerh. von Morians Erben	Dückerhof
Inhaber des Hauses	Hulsdunk

Amt Rheinberk

Joh. Arn. von Bockforst Erben	Dieprahm
Friedr. Heinr. Melchior von Erde	Eyll
Joh. Adr. Adolph von Dorth zur Horst	Glind
N. von Raesfeld	Heidecken
Wernh. von Dorth zu Issem	Issum

Adolph Bertr. von Wachtendunk Erben	Langendunk
Franz Karl von Büllingen	Langenhorst
Erbvogt zu Ossenburg Kasp. Ant. von der Ruhr	Ossenburg
Joh. Heinr. von Droste zur Stege	Stege
Joh. von Afferben zur Wagenburg	Wagenburg

Städte

Andernach, Arweiler, Bonn, Bruel, Kempen, Lechenich, Lynn, Linz, Meckenheim, Neuß, Rheinbach, Rheinberk, Rhees, Unkel, Urdingen, Zülpich, Zons.

Specifikation deren im Vest Recklinghausen

so zum Landtag beschrieben werden

Wilh. Ludolph von Boenen	Berg
Des abgel. Gen. Lieut. von Wenige zur Becke hinterl. Erben	Becke
Joh. Dieth. von und zu Brabeck	Brabeck
Ferd. von Groll zu Cloesteren	Cloesteren
Vincent von und zum Glart	Glart
Moriz Adolph Fhr. von Brembd zu Fündern	Fünderen
Münsterscher Gen.Lieut. Friedr. Christian von Elverfeld etc.	Gutacker
Franz Bertram von und zu Hamm	Hamm

Vestischen Statthalter und Ober- jägermeister Clemens August Graf von Merveld zum Hamm Erben	Hamm
Johann Dith. von Graff zu Haß- elt	Haßelt
Adolph Arnold Robert von Gi- senberg	Heinrichenburg
Des abgelebten Geh. Raths und Vestischen Statthalters Johann Wilhelm Graf von Nesselrode etc. Erben	Herten
Christian Franz Dieth. Freiherrn von Fürstenberg hinterlassene Erben	Horst
N. Graf von Limburg Styrum	Knippenburg
Bernh. Dieth. von Oberlacken zu Leithe	Leithe
Kämmerer und Hauptmann Franz von Weydenbruck	Lohe
Herman Adolph Freiherr von Quaed zu Loringhof	Loringhof
Oßnabrückischer Domherr Christoph von Gysenberg	Knyenhorst
Clem. Aug. von Twickel zu Lüt- gerhof	Lütgerhof
Commendeur Gottgab Matth. von Gelder	Mahlenburg
Domherr zu Paderborn Franz Bernhard Heinrich Anton von Vittinghoven genannt Schell zu Oberfelding	Oberfelding
Kämmerer Dieth. Joh. Franz Reck	Ulenbrock
Jobst Edmund von Brabeck	Vogelsang

Wilh. Heinr. Freiherr von Quaed zur Landskron	Sorling
Kämmerer Joseph Clemens August Freiherr von Westerholt genannt von Gysenberg und Müttinghoven	Westerholt
Arnold Joh. von Vittinghof genannt Schell	Wittringen

Städte

Recklinghausen, Dorsten

Anhang 2022

1463 März 26 Erblandesvereinigung[50]

Wy Dechen und kapittel der Kirchen zome Doyme jn koelne, und wir

Evert quaide	
Henrich Here zo	Drachfeltz
Aelff quaide Here zo	Elner
Johan van	Eynenberg Here zo Lantzkrone
und wir Johan Here zo	Gymnich und zo Vyschell
Johan elste son zo	Gymnich
Johan van	Hemberg Erffkemener
Gerlach Here zo	Isenborg
Johan van dem	Nienwege
Herman Here zo	Rennenberg
Johann Here zo	Rifferschit, Greve zo Salmen etc. Erffmarschalck*[51]
Friderich son zo	Ronckel und greve zo Wyede
Wilhelm Here zo	Rychensteyn
und Johan son zo	Ryneck Edelmanne
Diderich und Peter Burchgreven zo	Ryneck, Heren zo Broiche und zo Thoenberg gebrodere
Gerhart Greve zo	Seyne*
Lutter quayde Here zo	Thoenberg und zo Lantzkrone
Wilhelm greve zo	Virnenborg Erffschenck*
Ruitger van	Vrentze
	alle Rittere

und

---

50 Fundstelle: Die von 1550 in (Lünig 1713, 435 ff); BSB München,urn:nbn:de:bvb:12-bsb10492199-2. – Die von 1463 in (Scotti 1831, 1 ff); ULB Bonn, urn:nbn:de:hbz:5:1-23. – Die Nachnamen sind alphabetisch geordnet.
51 Die mit * gekennzeichneten Personen haben ihre Siegel angehängt.

Thoenes	Amelonck
Kirstgen van	Anstelen und syn soene
Johan Kolve van	Arwylre
Peter	Blanckart
Gerhart	Blanckart uns syn Son
Daym und Heinrich van dem	Bongart
Johan und Goedart van	Breitbach
Gerlach van	Breitbach
Reynhart van	Bülich und syn soene
Clais van	Drachenfeltz, Here zo Oilbrucke
Breidmar und syn Broder Welter van	Dreysse und syn soene
Heinrich van dem	Forste
Herman van dem	Forste
Winrich van	Frentze
Heinrich van	Gluwell
Gerhart van der	Gracht
Emont beissell van	Gymnich
Johan und Driessbeyssell van	Gymnich
Johan van	Gymnich zo Berge und Elais syn son
Diedrich van	Gymnich zo Vlertzhem
Engelbrecht van	Hemberg Erffkemener van Bachem
Herman van	Hersel
Wilhelm van	Hoesteden
Johan und Philips Schramen van	Horrem
Johan van	Kettge
Welter	Kolve
Heinrich Johan und Wynrich	Kolven <2>
Conrait van	Kottenhem
Wilhelm	Kruseler
Wilhelm quaide Her	Lutters son
Lodewig van	Meckenem
Clais van	Meckenhem
Karle van	Metternich

Johan van	Metternich
Sybgyn van	Metternich
Gyse Kessel van	Nurberg
Wilhelm und Thoenys van	Oirsbecke, Heren zo Oilbrucke
Schillinck van	Ossendorp
Peter van	Pissenhem
Scheiffart vamme	Roide Here zo Bornhem
Scheyffart vamme	Roide Here zo Hemmersberg
Philips	Roiss
Frederich van	Rondorp und syn zwene soene
Goedart	Ruymschottel
Diderich	Scherffgen
Johan Hurte van	Schonecke
Johan	Spieß zo Vrechen
Johan und Goedart Schallen	van Belle
Daym	van Belle
Gerlach	van Bruynaberg
Johan van	Widderstein
Daym van	Ylem
	Ritterschaft

und wir Bürgermeister, Schöffen, Reede und gantze Gemeynde der Stede

Andernach*[52]

Arwylre*

Bercke

Bonne*

Kempen

Keyserswerde

Lechenich

Lynß*

Nuysse*

Reymbach

Urdyngen

---

[52] Die mit * gekennzeichneten Städte haben ihre Siegel angehängt.

Zoyntze
Zulphe
des stichtz [=Erzstifts] van Coelne

Doin kunt und bekennen:

Als der erwirdige furste unse lieve Here, Her Diderich[53] Ertz-
bischoff tzo Coelne seliche, dem got gnade, Doitzhalven affgegangen
ist und durch feede, orloge und andere manichfeldich vurnemen und
handelonge, buyssen wissen und willen des Capitels, Edelmanne, Ritterschafft und Stede des Stichtz vursch. zo gegangen, und ouch jn geist-
lichem und werentlichem staide die gerichte und ander sachen nyet na
yedermans volkomener behoerlicher noittorft behalden und verhan-
delt worden synt; So hain wir vurgenant: dem Almechtigen Gode, Marien synre lieven Moider und dem guden sent peter unsme Patrone zo
Loeve und zo eren, Als die ghene die der Kirchen und gestichts vurß:
mit Erffhuldongen und sust sonderlingcn bewant und darynne geerfft
und geguet synt und zosamen gehoerent, umb sulche und ander gebre-
chen der undersaissen vortan zo verhueden und jn dem besten zo ver-
sorgen, mit gudem vurraide, zo nutze, beste, freden und waillfart der-
selven Kirchen und gestichte vurß., und der Undersaissen gemeynli-
chen, etzliche punte und Artikell eyndrechtlichen darover begryffen,
geslossen und unß darup zo samen gedain, verdragen und vestentli-
chen vereynicht und syn des gentzlichen overkomen und eyns worden:
<3>

1. Dat wir, samen noch besonder, geynen zo komenden Hern
des gestichts van Coelne jn zokomenden tzyden zolaissen oder ontfan-
gen, noch yem eyde, huldonge oder geloefde doin sullen; he en have
zierst dieselve stucke und punten bevor bewilcht, belieft und zogelais-
sen und so viel jn dieselve Stücke und punten antreffent und beroerend,
geloifft und zo den hilligen gesworn {:und darup yecklichem staide syn
Sigell und brieve geven sall:} dat zo doyn, zo halden und gentzlichen
zo vollentzihen, na lude der vereynonge jn maissen herna beschreven
voulgt.

---

[53] Dietrich von Moers (* um 1385; † 14. Februar 1463 auf Burg Friedestrom in
Zons) war als Dietrich II. von 1414 bis 1463 Erzbischof des Erzbistums Köln.

2. Item: dat geistliche gerychte in dem Sale so zo bestellen, dat sulch gerychte gotlich und fromelich und recht zoghe, dat datselve gerychte bestalt werde mit eirbar officialen, Segelern, Advocaten, notaren und procuratorn; dat mallich arm und ryche unvertzochlich recht gedyen und widderfaren moige; und dat die sachen durch den Heren nyet avocicrt, noch upgeschort werden; und darup eyn reformatie gemacht werde, as dat beschreven recht und die statuten dat cleirlichen Innhaldent; und dede der vurß. eyncher darentboyven yedt, dat sall der Here straiffen.

3. Item: dat alle werentliche gerychte zo machen und zo bestellen, dat arme und ryche und mallich sonder Indracht unvertzocht recht gedyen moge, na gewainheit und loiff der gerychte; und dat die gerychte van dem Heren ader den Amptluden nyet vorter upgeschort werden.

4. Item: dat vrygerychte jn Westphalen also zo bestellen, dat die undersaissen geyner den andern dar laden noch heischen sall, die sich eren und rechtz vur syme Heren und gerichten erboide da under hey gesessen were; jd en were dan sache, dat yem, der sulchs zu doyn hette, dat recht ader der uyssdracht van dem Heren ader gerychten, da under hey gesessen were, vertzogen ader verslagen wurde.

5. Item: alle Greven, Vryhen, Ritterschafft, Stede und gemeyn Lantschafft des Stichts van Coelne bei yren vryheiden, privilegien und aldem herkomen zo halden und ungedrenckt blyven laissen.

6. Item: dat die zokomende Here geynen Kriech anheven sall, buyssen wissen und willen des Capittels und gemeyner Lantschafft.

7. Item: dat eyn zokomende Here die undersasssen des Stichts van Coelne, yre Lyff Have und guet nyet en verschryve, want durch sulche verschryvonge die undersaissen des Stichts geroifft, gebrant und zo groissen schaden komen synt. <4>

8. Item: Edelmanne und Ritterschafft by yre alder vryheit der zolle zo laissen und yn yre goit, zo wasser und zo lande, tolvry ungehindert, up yre brieve und Sigel, volgen und varen laissen.

9. Item: Keyserswerde, die freedborg und Bilsteyn by dem Sticht van Coelne zo behalden und dieselve Slosse nyet anders dan mit guden coelschen luden zu besetzen.

10. Item: dat eyn zokomende Here besonder geloyve und swere, Sigell und brieve geve, dat hey die vereynonge des Landts van dem Berge, vort Sigell und Brieve van unsme Hern selige die darover gegeven synt, halde und jn den sachen aff noch zoe en doe, buyssen wyssen und willen Capittels, Edelmanne, Ritterschaft, Stede und gemeyn landschaft zosamen.

11. Item: wae dat Sticht van Coelne overbuwet ist zo wasser ader zo lande, vort overgraven, off anders verdeilt ader versplyssen ist, dat sall eyn Here keren und jnmanen na alle syme vermogen.

12. Item: dat eyn zo komen Here geyn leistschult en mache, buyssen wissen und willen des Capittels.

13. Item: wanne dat Capittel eyndrechtlichen ader dat meiste deil van dem Capittel, eynen Heren gekoren und erwelt hait, off dan yemant, wer der ouch were, bynnen ader buyssen dem Capittel In sulche koir, druge, zweydrachten, und uneyndrechticheit jn dem Sticht machen weulde; So sullen asdan Edelmann, Ritterschaft, Stede und gemeyn Lantschafft dem also erwelten Heren gehoirsamheit doin, mallich na syme geboir den erwelten Heren, up syne cost, by dem Stichte helffen behalden; und der sachen sall der Here yn eyn Heufftman syn.

14. Item: wanne dat Capittell eyndrechtlichen, ader dat meiste deill van dem Capittel, eynen Heren gekoiren und erwelt halt, so sall hey, van stunt na der Confirmacien, priester werden und sich laissen consecrieren.

15. Item: wanne eyn Capittel nutz und noit bedunckt syn, Edelmanne, Ritterschafft und Stede by sich zo beschryven, dat sy dat doyn mogen, sonder Indracht des Heren, und dat dann die selve Lantschafft dem Capittell volgen sall; darup Ritterschafft, Stede und gemeyn lantschafft dem Heren sweren sullen und anders nyet.

16. Item: des gelichen, off sache were, dat Edelmanne, Ritterschafft ader Stede, semetlichen ader insonderheit , van dem Capittell, umb redeliche Ursache, begerden, ouch jn maissen vurß. by eyn zo komen; dat sall yn <5> dat Capittel nyet weigern, und off dat also geweigert wurde, des doch nyet synen sall, So sall eyn Erffmarschalck des stichts van Coelne die macht haven, jn gelicher maissen zo doyn; desselven der marschalck nyet weigern noch vertzoch machen sall.

17. Item: dat eyn zokommende Here eynen stanthafftigen Rait machen sall van geistlichen und werentlichen personen; Also doch, dat der geistlicher Personen geyne jn eyncher Kirchen Dechen sy; uyssgescheiden den Dechen und Capittell des Doymps, want die alsament als eyn lytmaet zo des Heren Rait gehornt, vort die werentliche Personen des Stichts van alders man und in dem Sticht gesessen syn; dartzo ouch alle tzyt der Here jn syme Raide by yem haven sall zwene Heren uyß dem Capittell.

18. Item: dat Edelmanne of undersaisse des Stichts van Coelne jn disser vereynonge, den andern [nicht] veede, rove, brenen, noch mit gewald schedigen sall, dem an redelichem uyßtrage genoicht, ungeverlichen.

19. Item: dat eyn zokomende Here, noch syn Amptlude und Dyenre, nyemant wer der sy, dat Sticht off eynchen undersaissen des Stichts geveet, geroifft, gebrant, geschynt, off mit gewalt geschedicht hette, ader sulchs uyss syme Huysse hette laissen geschien, des der ader die ungefreidt und ungesoynt weren, deme sall die Here ader Amptlude jn dem Sticht geyn geleyde geven; und off der Here ader die Amptlude eynchen jn sulcher maissen geleyde geven, ader gegeven hetten buyssen wyssen, und Sy darumb ersocht wurden, So sall der Here ader die Amptlude den ader dem van stunt dat geleyde upsagen.

20. Item: dat eyn zokomende Here Sigell und Brieve halde, die syn vurfaern und Capittell zosamen gegeven und besiegelt haint, und ouch eyn zo komende Here und syn Capittell hernamails geven, ader unse Here selige, dem Capittell gegeven hatte, und der zokomende Here hernamails dem Capittell alleyne geven wurde; und off eynchcr gestichtsman Burge worden were, vur unsen Heren seligen, Ader der Here yem selvs schuldich were, des hey schult breve off schadeloiß breve van synen gnaden hette, und die schoult jn des Stichts nutz komen were, Dat der Here sulche schoult und schaden gutlichen verfange und die Burgen des ontheve; Doch also, dat sulchs buyssen wissen und willen des Capittcls nyet me en geschie. <6>

21. Item off jn zokomenden tzyden unse zokomende Here ader die syne, widder dese vurgeschreven punte, ader syne eyd und verschryvonge, hey dem Capittel doin sall off doin wirt, yedt dede, So dat hey oder die syne des jn deylle off zo maille nyet en hielden, dat got

nyet en wille, und syn Capittell yn oder die syne darumb erfocht hetten, und Sy des nyet affstelten; So mogen dat Capittell, Edelmanne, Ritterschafft, Stede und gemeyne Lantschafft zosamen oder besonder bcschryven, die ouch dem Capittell, sonder Indracht des Heren, volgen sullen, und yn dat zo erkennen geven;

22. und wan eyn Here das dan nyet zerstunt affstelte, und hielte dat hey geloifft, gesworen und verschryven hait; So sullen Edelmanne, Ritterschafft, Stede, Amptlude und gemeyn lantschafft by dem Capittell blyven und dem gehorsam syn und dem Heren noch den synen nyet, bis so lange, dat der Here helt und doit dat ghene, dat hey geloifft, gesworen und verschreven hait; und darup sullen auch die Amptlude und lantschafft deme Heren hulden und geloyven und anders nyet; Doch also dat die Greven, Edelmanne, Ritterschafft, Amptlude und Stede widder yre Eyde und geloiffden, Sy. dem Heren gedain hant, die tzyt lanck nyet doyn noch gedain sullen haven und der geloiffden und eyden ledich stain, bis zertzyt sulchs aff gestalt und gehalden wirt van dem vurß. heren; und wanne sulchs van deme heren affgestalt und gehalden wirt, So sullen Sy yem widder jn sulchen geloiffden nnd Eyden blyven stain, as Sy vur gedain hant; und sulchs so dücke sich noit geburt.

23. Were ouch sache, dat yemant, zo dem vurß. Stichte van Coelne gehoerende, were der off die weren jn deser vereynonge mit unss syn und alle stucke und punten gelych uns geloyven weulden; Die sullen und mogen herjn gain mit yren transfixbriefen, durch desen Brieff gestochen, mit yren Sigell besigelt; Die welche transfixbrieve gelych deseme Heufftbrieve macht haven und denselven Heufftbryeve nyet ergeren noch vicieren en sullen.

24. Desgelichen off unser eyncher mit namen jn desme brieve genoympt, denselven brieff nyet besigelen ader mit unss anderen believen weulden; dat en sull ouch desen Brieff nyet ergeren noch vicieren, sondern jn synre vollkomenre macht, van uns, die den besigelt ader zo besegele gebeden und beliefft hant, und unse nakomen und <7> erven, syn, blyven und gantz gehalden werde, sonder Indracht;

25. Were ouch sache, dat dese brieff nass, locherich, vleckisch, off an eynchen Sigelen gequat ader anders hinder kriege; Dairumb en sull eyn zokomende Here und wir sementlichcn und eycklich besonder,

unse nackomen und erven, die myn nyet schuldich syn, alle und yeckliche punte und stucken dis Brieffs zo halden, zo doyn,und zo vollentzihen, jn massen vurß.

26. Alle und yeckliche stucke und punten vurß. so vill uns die
beroerende syn, hain wir Dechen und Capittell, Greven, Edelmanne,
Ritterschafft, Bürgermeister, Scheffen, Reede und Gemeynde der Stede
vurß., vur uns, unse nakomen und erven, samen und besonder, jn guden, waren truwen und in rechter eydtstat, by unsen eren, eyden, hul-
dongen und geloiffden, wir der kirchen und dem Sticht van Coelne und
anderen unsen Heren bewant syn und gedain hain, unser yecklicher
dem andern zogesacht und geloifft, zosagen, reden und geloyven, va-
ste, stede und unverbruchlichen zo halden und gentzlichon zo vollentzihen, und darwidder nyet zu doyn, zo werven, ader schaffen gedain
werde, overmitz uns selvs ader yemant van unsen wegen, sonder unser
yecklich dem andern dartzo, dat die selve stucke und punten wie vurß.
steit gedain und gehalden und van nyemantz verhindert ader ver-
brucht werden, behulplich, geredich und bystendich zo syn mit lyffe
und goide, na all unser macht und vermogen, so wae und wie des zo
doyn und noit were ungeverlich, und uns da ynne nyet van eynander
zo scheiden noch zo deylen, umb eyncherleye sachen die geschien synt
ader geschien mochten jn eyncherleywys, sonder alle beschuttenisse,
firpelre, gedrochnisse, Indracht ader Widderrede;

Und des zu urkonde der wairheit, So hain wir Dechen und Capittell vurß. unse Siegell ad causas zo yetzuge der wairheit alre
vurschreven sachen vur unss und unse nakomen an desen Brieff doin
hangen; und wir Gerhart Greve zo Seyne, Wilhelm Greve zo Virnen-
borg, Johann Here zo Ryfferschit und Greve zo Salmen Erffmarschalck,
hain unse Segele vur uns und die vurß. Edelmanne und unse und yre
Erven, umb yrre beden willen an desen Brieff gehangen; Des wir Edelmanne vurß. also bekennen, under Segelen der vurß. dryer Greven und
Heren, der wir hertzo mit gebruichen; und wir Ritterschafft <8>
vurschreven bekennen, dat wir mallich vur unss und unse Ingelsegele,
vur unss und unse Erven, an desen Brieff gehangen haint; unss allre
vurschrevene sachen damit zo overzugen; Und wir Bürgermeister,
Scheffen, Reede und gantze gemeynde der Stede vurschreven Bonne,
Andernach, Lynß, Arwylre und Nuyße, hain unse Segele, vur unss und

vort vur deese vurschreven Stede, unse und yre nakomelinge und erven an desen Brieff gehangen, des wir andere vurß. Stede also bekennen under Segelen der Stede vurß., der wir hertzo mit gebruichen.

Gegeven jmme Jaire unss Heren Duysent vierhundert Dry und Seestzich des Seesindzwentzichsten Dags In dem Maynde Mertze.[54]

1547 Jan 24 Wahlkapitulation des EB Adolph von Schaumburg, Auszug[55]

[Am Rande: >1<] Imprimis, Nos Adolphus electus, promittimus, quod intra annj spatium, a data praesentium nos ad gradum sacerdotij ordinarj, et in Episcopum consecrarj faciemus, et secundum ea, quae eiusmodj ordinatio, et consecratio requirunt, nos geremus.

[Am Rande: >2<] Deinde quod Vicario nostro in Pontificalibus pro tempore, intra annum a die suae consecrationis obtentae, de trecentis florenis aureis, annui stipendij, debita assecuratione mediante, per litteras nostras sigillatas desuper dandas, prouidebimus, prout praesentj Vicario nostro prouidimus, Quj et vicissim officio iuxta Commissionem nostram rite et diligenter praeerit, et perfungetur.

[Am Rande: >3<] Secundo promittimus, quod orthodoxam, et catholicam fidem, et religionem, secundum Ecclesiasticam traditionem, et sanctorum Patrum doctrinam, sub obedientia sanctae sedis Apostolicae, toto tempore vitae nostrae zelose colemus. Et nunquam in perpetuum, ad praesentis tempestatis, seu alias quascunque damnatas haereses, sectas, vel schismata, deflectemus, neque vllam fidei nouationem praesumemus, seu permittemus, quin imo Ecclesiam et diocoesim nostram, omnesque illius tam Ecclesiasticos, quam seculares subditos in Christiana et Catholica religione, ac antiquis laudabilibus ritibus, ceremonijs, moribus et consuetudinibus manutenebimus et defendemus.

---

[54] bestätigt u.a. 1550 von EB Adolph von Schaumburg, 1558 von EB Johann Gebhard, 1593 von EB Ernst, 1614 von EB Ferdinand, 1650 von EB Max Heinrich, 1694 von EB Joseph Clemens (Lünig 1713).
[55] Fundstelle: HAK Domstift; nach (Repgen 2015, 341 ff).

Et nullo vnquam tempore in mutationem status memoratae Ecclesiae, et diocoesj nostrae ob quamcunque causam, seu in cuiusuis hominis gratiam, quouis modo consentiemus, Et quia, pro dolor, intra paucos annos proxime elapsos in hanc Ecclesiam nostram, quidam haereticj et schisma- ticj concionatores, subintroierunt, quj Lutheranis, alijsque sectis, quibus in praesentiarum Ecclesia Dej exercetur, addictj, se quibusdam Monasterijs, et parochijs, non sine grauj inquietatione, et turbatione monasticj institutj, ordinariorumque pastorum, et Curatorum intruserunt, nec non damnatam suam doctrinam inibj, et passim per Diocoesim nostram sparserunt, catholicumque ritum administrationis sacramentorum vna cum alijs pijs hactenus in Ecclesia vsitatis ceremonijs sustulerunt, Et alias quam plurimas nouationes, in multarum Christi fidelium animarum graue periculum, et scandalum inuexerunt, non solum contra sanctae Sedis Apostolicae, sed et Caesareae Majestatis et sacri Romanj Imperij, decreta, edicta, mandata, recessus, ordinationes, et sententias, pro quorum debita executione facienda, in virtute sanctae obedientiae requisiti sumus.

[Am Rande: >4<] Idcirco praesentium per tenorem promittimus, Quod confestim et ante omnia in regiminis et administrationis nostrae inchoatione, vniuersos haereticos, et schismaticos, vna cum omnibus falsis doctrinis, nouationibus, et sectis, ab Ecclesia, et Diocoesj nostra bona fide, et pro viribus, exterminare, et exstirpare studebimus, Ita videlicet, quod memoratos concionatores, ex finibus dioceseos nostrae, statim expellemus, et ordinarios Pastores, seu Curatores, hactenus a suis Ecclesijs exclusos, vel in suo officio turbatos, in quietam administrationem Ecclesiarum suarum restituemus, si tamen tales adhuc supersint, sin secus memoratis parochijs, de alijs idoneis, et catholicis viris, quj verbum Dej secundum orthodoxorum Patrum expositionem suis plebibus praedicent, et sacramenta secundum ritum Catholicum administrent, aliaque sacerdotalia munera obeant, prouidebimus, seu per illos, ad quos hoc pertinuerit, prouiderj curabimus. Ipsaque Monasteria in religiosum et monasticum, Et generaliter omnia alia in pristinum Catholicum statum restituemus, et redintegrabimus secundum memorata Decreta, Edicta, mandata, recessus, ordinationes, et sententias, tam S. Sedis Apostolicae, quam sacrae Caesareae Majestatis et Imperij, quae debitae executionj, prout tenemur, indilate cum consilio Venerabilis Capitulj nostrj, demandarj curabimus, et ea vsque ad aliam vberiorem Catholicam ordinationem praesentis Sacrj Oecumenicj Concilij Tridentinj indictj et inchoatj seruabimus, et seruari faciemus.

[Am Rande: >5<] Praeterea omnes et singulos proximj praedecessoris nostrj Consiliarios et Ministros, et alios quoscunque, quj nouationibus praedictis adhaeserunt, seu de illis infamatj fuerunt, ex nostro consilio excludemus, Nec tales, vel similes vnquam fouebimus vel sustinebimus.

[Am Rande: >6<] Et pro vlteriorj, et vberiorj praemissorum realj executione curabimus, quod officium inquisitionis haereticae prauitatis, tam per Inquisitorem auctoritate Apostolica deputatum, quam nostra ordinaria auctoritate adiungendum de coetero libere exerceatur, et contra haereticos credentes, receptores, fautores, et defensores eorum, nec non contra infamatos de haeresi, vel suspectos, iuxta sanctiones Canonicas, omnj metu postposito procedatur.

[Am Rande: >7<] Et Jurisdictionem Ecclesiasticam satis collapsam, iuxta Juris et Ecclesiae nostrae, et praedecessorum nostrorum statuta et ordinationes, quantum in nobis est, pro religionis nostrae Catholicae defensione, et iustitiae administratione restituemus.

[Am Rande: >8<] Similiter Prouinciales, et Episcopales Synodos, iuxta sacrorum Canonum, et nostrae Ecclesiae statuta celebrabimus, et celebrarj faciemus, vna cum visitatione Ecclesiarum de consilio Capitulj nostrj instituenda.

[Am Rande: >9<] Et quaecunque hactenus contra praemissa, circa ordinationem Ecclesiarum, seu alias in eneruationem officij, et Jurisdictionis nostrae Archiepiscopalis, et libertatis Ecclesiasticae secularj potestate, seu quocunque alio modo praesumpta sunt, quantum in nobis est, cassarj, et in irritum reducj curabimus.

[Am Rande: >10<] Tertio nullas causas publicas, religionem, seu statum Ecclesiasticum concernentes, extra prouinciales, seu Episcopales Synodos, nec vllas alias graues causas, ex quibus Ecclesiae aliqua iactura redundare possit, citra scitum et consilium Venerabilis Capituli nostrj, velutj proximorum membrorum nostrorum tractabimus, seu tractarj faciemus. Quamobrem quoque ex eodem Capitulo semper duas personas nobiscum in Consilio nostro habebimus.

[…]

[Am Rande: >14<] Quarto volumus, quod secundum Juris communis, et Statutorum Ecclesiae nostrae dispositionem, semper maior pars Capitulj apud Ecclesiam existentis et residentis maioritate pariter a numero et zelo reputanda, suspensis tamen et excommunicatis exclusis, quo ad capitulariter statuta, et ordinata, statuendaque, et ordinanda, pro Capitulo debeat reputarj, saluo tamen eo, quod in casibus, a Jure requisitis, absentes, prout hactenus consuetum est, vocentur.

[Am Rande: >15<] Et pro maiorj praemissorum corroboratione, omnia et singula statuta, Jura, priuilegia, bonos mores, et consuetudines dictae Ecclesiae nostrae, in omnibus eorum tenoribus, praesentium tenore innouamus, approbamus et auctoritate nostra ordinaria confirmamus, et de nouo concedimus.

1662 Martin Henriquez von Strevesdorf: »Archidioeceseos Coloniensis descriptio historica«[56]

III. BONNA

Electoralis, Bonna, est primaria Sedes,
Archidioecesis, Cancellaria suprema,
Consilium, Archivum, Rectoratusque triumphat,
Iustitia usque Reo, Viduis patet atque Pupillis.
Vrbs etiam dicta est veterana Voconia, quae post
A Comite Hochstedio Conrado Antistite A[nn]o 1240 cincta est
Moenibus et foveis, ornataque Turribus altis.
Vrbis habet claves, gestans pro tempore fasces
De more antiquo longoque a tempore consul.
Romani Bonnam quondam bona castra vocarunt,
Nempe Bonas illic quoniam sibi figere Sedes
Est visum, testante chrono, nam plurima tali

---

[56] 2. Auflage Köln (Portz) 1662, hier Seite 80 ff.

Non modo parte rubet bene sano Vinea Baccho,
At quoque frugiferas circum protuberat Arvum,
Immensique supra per binas circiter horas
Clauduntur montes, qui ad Rheni littus utrumque <81>
Hanc e Teutonia ferme ducuntur ad Vrbem.

Ante Verona fuit, facto qua nota sequenti:
Herculeus Ao. 248 bellum dum Maximianus & arma
Gestaret, stricto Carausius Ense Tyrannum
Vt ruat, in Magnum qui Caesara nuper iniqua
Diocletianum suscepit praelia, iamque
Regna Britannorum sibi subjecisset, & olli
Ex Syria, Ægypto, Solymis, Orienteque dictus
Caesar Thebanam Legionem {robore pollens
Agmen erat} quae sexcentis sex millibus, & sex
Et Sexaginta, numero, constabat, ad imum
Rheni littus, opem latum submitteret, ante
Emundata sacra sacri baptismatis unda
Quae legio dederat vero sua nomina Christo
Praefatus capitis sub poena Maximianus,
Pro fortunatis belli successibus huius,
Quod per Teutonicos tractus Francosque parabat
Ad Rhodanum iuxta Martinack[57] nomine, pagum
Idolo martis votivos thuris odores,
Sacrificosque ignes adoleri jussit ad aras.
Ast quia Christicoli Ductores agminis, illi
Mallusius, Victor, Gereon, Florentius ibant
Cassius atque Pius, tam falso sacra negarent,
Thura Deo, gressusque suos procul inde tulissent,
Ad profligandum coniunctis viribus Hostem,
Tum sacra insidias legioni struxit, et idem
Maximianus atrox posuit stratagema suoque
Cum Duce Mauritio penes Agaun[58] stravit eandem

---

[57] Heute: Martigny im schweierischen Kanton Wallis.
[58] Acaunum, heute Saint-Maurice im Kanton Wallis.

Ex toto ferme, qui nunc locus obtinet ipsam
Sancti Mauritii nomen, quia Martyr ibidem.

Ast aliquot cum de sacra Legione cohortes
{Christicolumque simul qaedam vexilla} deorsum
Longius ad Rhenum cessissent usque Veronam,
Bonnam, Agrippinam, & Xanthos, sua seque tuentes,
Insidiator eas stricto est mucrone secutus, <82>
Et turmis aliis alio cedentibus, ipso
In stadio Divum Gereonem forte trecentis
Octodecim sociis comitatum coepit Agrippae,
Sanctum Victorem triginta cumque trecentis
Militibus Christi Xanthorum pressit ad urbem,
 Cassius at Bonnae simul ac Florentius una
Cum sociis laevum Rheni prope littus, aperto
Ore fidem Christi testantes sanguine fuso
Martyrij insignem meruere referre coronam;
In quorum aeterni firmum munimen honoris,
Diva Helena Imperii Regina, Decusque Parensque
Primi Christiadum divino Caesaris oestro
Constantini, alma fides quoque nobilis auctrix,
Caetera Templa an[no] 316 inter prope Rheni flumina Bonna,
Instinctu Divum mota est fundare sacratum
Collegium, multis quae nunc Ecclesia praero-
gativis gaudet; communem namque quotannis
Mercatum celebrat, quin & pro tempore servat
Praepositum, multa supremum munus, & Archia-
Diaconalis adest cui Iurisdictio terrae.

Hic locus illustres ambit complexibus Arces,
Oppida, Nobilium Sedes & Fana, Domusque,
Quae supra atque infra circum lustrantur in uno
Prospectu, dictae jacet Vrbis moenia praeter,
Nobile collegium, vulgo Diekircha[59] vocatum,

---

[59] = Dietkirchen.

E regione autem trans Rhenum bina videntur
Collegia injuncto nigrum cognomine Reindorff[60],
Vilichiumque aliud, quod Vilike diximus olim,
Quorum postremum Mengosus Gelriae in altum
Zutphaniaeque Comes duxit an. 985 Girbirgaque conjux
Eius, idemque bonis testamentalibus, amplo
Legato Agrorum, Argenti donavit et Auri,
In quo Gnatabiis socijs {quas inter & una
Sancta Adelheidis erat} tumulatus uterque quiescit,
Vt tumuli monumenta ferunt in marmore; nempe
<83>
Vilichij Extructor jacet hac Mengosus in Urna.
Hoc latus occasum versus {via perbrevis) ornant
Mons Crucis[61], & pulchrum supremo in vertice templo.
Cum Servitarum Claustro, quod struxit in altum
Archipater, Bavarum Dux Ferdinandus Honori
Septem Virgineae Matris Divaeque Dolorum,
In quo miraclis celebris servatur Imago,
Copiae & haec divi Lucae est, quam pinxit, & illa
Monstratur, longe circumque jacentibus, inde
Qui crebro e Patrijs rara pietatis amore
{Rarum opus est etenim} sacra huc vexilla reponunt
Cum Genitrice colunt votis precibusque Tonantem.

Hunc infra montem Poppelsdorff cernitur, ipso
Tempore Romulidum, sic affirmantibus aevi
Illius historicis, qui pagus nomine dictus
Publij, ut & Transdorff Trajani pagus, & huius
Oppida plura modi, Satrapatibus insita binis
Et Bonnae & Brulae titulos sunt nacta suorum
Voce Ducum, a ducibusque suis jam nomina servant.

Has penes Oppidulum Poppelsdorff floribus hortus

---

[60] = Schwarzrheindorf.
[61] = Kreuzberg.

Æmulus Hesperijs Electorale viretum
Suspicitur; sursum spatio fors unius horae
Gudesberg surgit, cuius superindita clivo
Arx, Turrisque iacent iam demolita, locoque
Creditur hoc falsi fanum sedemque fuisse
Mercurij, cuius qua sub Gentilibus Arae
Victima caesa frequens, hoc Montis & huius Origo
Mercurij Burgum, Gotzberg quasi nomine fluxit.

Imperii primo Theodorus Episcopus anno,
Congesti multis Iudaeum millibus auri
Argentique gravem tenebroso carcero clausit,
Compedibusque pedes, & duris terga catenis
Nexuit, & iustis propter male tanta lucrati
Pondera thesauri poenis multavit eundem,
E qua nummorum summi {est firmissimus Atlas} <84>
Mercurij Burgum sublimi in vertice, Bonnae
Vltra dimidium munitam condidit arcem,
Qua Michaelis erat prius isto in monte sacellum,
Sed post suffossa est arx[62] haec, ut diximus, an. 1585 acri
Impete, & in rapidas acta igne vorante favillas.
Omnigenos quoniam fugitiva plebis Alumnos
Sustentabat, erat specus, hospitiumque latronum.

Regredior Bonnam, bina gaudente corona,
Cum post Henricum, Fridericus, nempe secundus
Austriacus Princeps, occisi filius olim
Caesaris an. 1315 Alberti iusto pro Caesare lectus;
Mox Vbiae Henricus de Virnburg Praesul, eundem
Bonnae in Sede sua, Imperij diademate an. 1315 cinxit.

Vrbis honos rursum non longo a tempore, quando
Walramo, Comitum Iuliae de stemmate nato,

---

[62] Am 17. Dezember 1583 wurde die Burg von den katholischen Belagerern gesprengt und erobert.

Jure in utroque Viro fundato a Praesule, Caesar
Lutzenburgensis Carolus, cognomine Quartus,
Insigniretur an. 1347 Bonnae & diademate Regis,
Augusti Imperij, quod Caaear uterque secutus.

Bella quidem taceo: Martinus Schenkius[63], ille
Transfugus Hispano Ductor stratagemata fecit,
Per fraudem ingressus Batavo cum milite, verum
Mox Ernesteis vexillis ostia pandit,
Et sic Ernestus Bavarus sine sanguine Bonnam
Occupat, ut Caroli Magni fulgebat olympi
Festus ab axe dies, Magno sic Rege iubente:
Huius enim meritis lapsi post fulmina belli
Bonna reviviscit fraudum iuga pessima spernens,
Subijcit Ernesto Bavaro se tota, perosa
Frena nova, ut Iani vicesima nonaque luxit,
Et iam transierant an. 1548 ter saecula quinque salutis,
Quattuor & messes, octoque decennia phoebo.
Vrbs vere felix! De bello tempore pacis
Perpendens, rursum Bonnae bona castra locantur
Et vere insignis iam Fortificatio surgit.
Quod superest laudis, de Bonna haec Vrbe leguntur <85>
Carmina, quae subdo, cecinitque probabilis author:

   Bonna solum felix, celebris locus, inclyta tellus,

   Florida martyrio, terra sacrata Deo.

   Exulibus requies, & Asylon mite fuisti

   Semper, & externite reperere suam,

   Principibus Sedes hinc Electoribus illa est,

   Iustitiae Patribus, qua Themis ista viget.

---

[63] Martin Schenk von Nideggen, niederländisch Maarten Schenk van Nijdeggen oder Nydeggen, (* um 1540 in Goch; † 10. August 1589 in Nimwegen), Graf von Afferden und Bleijenbeek, war ein in spanischem, später niederländischem Dienst stehender Heerführer. Am 23./24. Dezember 1587 eroberte er Bonn.

Abbildung 1: Kurköln, rosa gefärbt (LVR)

Literaturverzeichnis

Boucqueau, Ph. J. *Memoire statistique du Departement de Rhin-et-Moselle.* Herausgeber: Norbert Flörken. Norderstedt: Books on Demand, 2022.

Boucqueau, Philippe Joseph. *Mémoire statistique du Département de Rhin-et-Moselle.* Paris: Imprimerie de la République, 1803.

Büsching, Anton Friedrich. *Neue Erdbeschreibung, 11 Teile.* Hamburg, 1754 ff.

Collini, M. *Betrachtungen über die vulkanischen Berge.* Dresden, 1783.

Crombach, Hermann. *Archidioecesis Coloniensis hujus temporis juris et potentiae fines, amplitudo et descriptio.* 1650.

Eichhoff, Johann Joseph. *Memoire sur les quatre Departements reunis de la Rive hauche du Rhin.* Herausgeber: Norbert Flörken. Norderstedt: Books on Demand, 2022.

Eichhoff, Johann Peter, Hrsg. *Materialien zur geist- und weltlichen Statistick des niederrheinischen und westphälischen Kreises ...* Erlangen: Palm, 1781.

Engel, Frank. „Kurfürstentum Köln." *Internetportal Rheinische Geschichte.* kein Datum. https://www.rheinische-geschichte.lvr.de/Orte-und-Raeume/kurfuerstentum-koeln-/DE-2086/lido/57d118e0651e25.73195779 (Zugriff am 27. 08 2022).

Gelenius, Aegidius. *De admiranda sacra et civili magnitudine Coloniae: Sacros et pios Fastos ...* Bd. IV. Köln: Kalkovius, 1645.

Hartzheim, Joseph. *Bibliotheca Coloniensis, in qua vita et libri typo vulgati ...* Köln: Odendall, 1747.

—. *Catalogus historicus criticus codicum mss. bibliothecae ecclesiae metropolitanae Coloniensis.* Köln: Huisch, 1752.

Lünig, Johann Christian, Hrsg. *Das Teutsche Reichs-Archiv, pars specialis.* Leipzig, 1713.

Repgen, Konrad. „Der Bischof zwischen Reformnation, katholischer Reform und Konfessionsbildung (1515-1650)." In *Dreißigjähriger Krieg und Westfälischer Friede. Studien und Quellen, 3. Aufl.,* von Konrad Repgen, Herausgeber: Bosbach/Kampmann, 287 ff. Paderborn: Schöningh, 2015.

Schlöder, Christian. „Johann Peter Eichhoff." *Internetportal Rheinische Geschichte.* kein Datum. https://www.rheinische-geschichte.lvr.de/Persoenlichkeiten/johann-peter-eichhoff-/DE-2086/lido/57c69f644b4e52.18322639 (Zugriff am 26. 08 2022).

—. „Kaspar Anton von Mastiaux." *Internetportal Rheinische Geschichte.* kein Datum. https://www.rheinische-geschichte.lvr.de/Persoenlichkeiten/kaspar-anton-von-mastiaux/DE-2086/lido/57c949309809c4.42386783 (Zugriff am 26. 08 2022).

Scotti, J. J., Hrsg. *Sammlung der Gesetze und Verordnungen, welche in dem vormaligen Churfürstenthum Cöln ...* Düsseldorf: Wolf, 1831.

von Strevesdorf, Martin Henriquez. *Archidioeceseos Coloniensis descriptio historica, 2. Aufl.* Köln: Portz, 1662.

Index Personen

Zweifel zu Palmerstorf
169

Zweiffel 183